GATILHOS DA ALMA

GUSTAVO FERREIRA

GATILHOS DA ALMA

Como criar uma linha direta para conversar com sua Alma e consciência espiritual

1ª edição

Rio de Janeiro | 2023

DESIGN DE CAPA
Renata Vidal

FOTO DO AUTOR
Aline Batista

CIP-BRASIL. CATALOGAÇÃO NA PUBLICAÇÃO
SINDICATO NACIONAL DOS EDITORES DE LIVROS, RJ

F441g

Ferreira, Gustavo
  Gatilhos da alma : como criar uma linha direta para conversar com sua alma e consciência espiritual / Gustavo Ferreira. - 1. ed. - Rio de Janeiro : BestSeller, 2023.

  ISBN 978-65-5712-321-8

  1. Cabala. 2. Vida espiritual. I. Título.

23-86239

CDD: 296.16
CDU: 26-587

Gabriela Faray Ferreira Lopes - Bibliotecária - CRB-7/6643

Texto revisado segundo o novo Acordo Ortográfico da Língua Portuguesa.

Copyright © 2023 by Gustavo Ferreira
Copyright da edição © 2023 by Editora Best Seller Ltda.

Todos os direitos reservados. Proibida a reprodução,
no todo ou em parte, sem autorização prévia por escrito da editora,
sejam quais forem os meios empregados.

Direitos exclusivos de publicação em língua portuguesa para o mundo
adquiridos pela
Editora Best Seller Ltda.
Rua Argentina, 171, parte, São Cristóvão
Rio de Janeiro, RJ – 20921-380
que se reserva a propriedade literária desta edição.

Impresso no Brasil

ISBN 978-65-5712-321-8

Seja um leitor preferencial Record.
Cadastre-se no site www.record.com.br e receba informações
sobre nossos lançamentos e nossas promoções.

Atendimento e venda direta ao leitor:
sac@record.com.br

*Dedico este livro aos meus ancestrais, aos mestres
da sabedoria da Kabbalah e a todas as linhagens espirituais
que vivem a consciência da União.*

*Faço uma dedicatória especial ao meu mestre de Kabbalah,
rabino Joseph Saltoun, a tantos professores que tive ao longo
da vida e à minha querida esposa, Andréa Padilla, que sempre
está ao meu lado e também teve uma grande participação
na manifestação desta obra.*

*E dedico estas palavras à sua Alma que está aqui, agora,
te chamando neste exato momento para abraçar essa jornada.*

Sumário

Prefácio	09
Introdução	11
Convite à Meditação	15
1. Crise de identidade	17
Uma Lavagem Cerebral	22
O problema da idolatria	23
2. Onde Está a Alma?	25
A Alma como Unidade	25
A Contração e o Pão da Vergonha	28
Quem criou o mundo?	33
A serpente (Ego) não é o inimigo	34
A raiz de todo o mal em nossas vidas	37
Uma saída: *No pain, ALL gain*	40
O sentido de viver	42
3. Preparo para conversar com a Alma	45
Sua Alma está encarnada em você?	46
Primeiro passo: Assumir a responsabilidade	47
Livre-arbítrio e escolha	49
Quando fazemos uma faxina, começamos por tirar tudo do lugar	54
O maior mestre que vai nos guiar exatamente no passo a passo para nossa "iluminação"	61

4. Quebrando as cascas	65
Correções, dívida e karma	66
Onde você está?	73
Mergulhe na escuridão	75
Uma viagem pelo Deserto	78
5. A chave para Receber	87
Para que fomos criados?	87
A dimensão do Compartilhar	91
6. A dimensão da Alma	99
A dimensão do Vazio	105
O 6º sentido: Discernimento	109
Tudo tem um motivo para acontecer	117
A consciência da Unidade: saindo da ilusão e da fragmentação	122
Como entender o que está acontecendo em nossa vida e obter respostas?	124
Realizando sua missão espiritual	128
Qual é o Nome da sua Alma?	134
7. Linha Direta: Respiração = Alma	139
Respiração = Alma	139
Prosperidade	142
Amor	149
Como ser guiado dia após dia por quem você é	154
8. Gênesis: Seja você, crie seu mundo	163
Tradição, referências e um pequeno presente	165

Prefácio

A busca pela verdade é uma força motriz intrínseca a todos nós. Enquanto não encontrarmos a verdade sofreremos de inquietude e insatisfação. O paradoxo que acontece em nossa geração é que apesar de todas as revelações e descobrimentos que a ciência e a tecnologia providenciam para nós em todas as áreas da vida, ainda nos sentimos insatisfeitos, mesmo que seja inconscientemente. Por que?

A "verdade" que buscamos não se encontra no mundo físico, que passa por mudanças constantes. Essas mudanças criam uma sensação de instabilidade e transtorno internos que afetam o nosso bem-estar. Consequentemente, sentimos um "vazio" que nos empurra para correr atrás de algo a fim de enchê-lo, e quanto mais rápido corremos... mais vazio sentimos! É um ciclo muito cruel que está dominando nossa vida, e parece que não há saída para isso.

Por isso, é fundamentalmente necessário mudar nossa visão e nossa abordagem em relação a tudo que existe em nosso redor, e principalmente em nós. Não somos apenas animais mais sofisticados que conseguem falar e usar línguas e ferramentas. Somos seres divinos e nossa inteligência se origina de dimensões espirituais e metafísicas.

Essas dimensões são além do tempo e do espaço, que são referências muito importantes para nós. Por isso, é necessário despertarmos a força divina de nossa alma para resgatarmos a potência espiritual que já existe em todos nós. Ela ficou adormecida por milhares de anos e é necessário acordá-la urgentemente, antes que se atrofie completamente.

Nossa alma é um tesouro que contém toda a riqueza que procuramos, seja de sabedoria, de alegria, de prosperidade, de saúde e mais. Por ela teremos o acesso às dimensões espirituais.

Neste livro, Gustavo Ferreira, estudioso e professor devoto da sabedoria da *Kabbalah* (Cabalá), explica numa linguagem simples e clara o processo do despertar espiritual pelo qual nós passamos e oferece ferramentas práticas para qualquer pessoa entender a importância disso, e prosseguir de forma segura na evolução e no crescimento espiritual a fim de realizar sua potência ao máximo.

Joseph Saltoun,
Rabino e mestre de *Kabbalah*

Introdução

Há alguns anos passei por uma fase difícil, principalmente na vida profissional.

Parecia que, por mais que eu me dedicasse, as coisas nunca davam certo. Eu trabalhava, trabalhava, trabalhava e continuava me sentindo preso, dando voltas e voltas e sem nunca sair do lugar. Sentia como se não houvesse saída da tortura que minha vida se tornou. Estava estressado, em depressão, e tudo isso, ainda por cima, afetou profundamente meu casamento.

Parecia um buraco sem fim. Confesso que pensei várias e várias vezes em acabar com todo aquele sofrimento... E isso é realmente uma confissão: algo que nunca comentei com ninguém antes de escrever estas palavras, aqui.

Até que um dia simplesmente tomei uma decisão. Se o trabalho estava me matando, eu não ia mais aceitar isso. Conversei com minha esposa, Andréa, e apenas disse: "Não sei como vai ser daqui pra frente, mas vamos nos virar com o que vier."

Dispensei clientes, parei de atuar em diversos projetos e foquei apenas em um punhado de coisas que me permitiriam trabalhar menos de 8 horas por dia (havia semanas em que eu fazia maratonas de 14 horas de trabalho ininterrupto).

Como viria o sustento de que precisávamos? Eu realmente não sabia.

Naquele dia, entrei em um processo de profunda introspecção. Me conectei com essa força que alguns chamam de "Deus", outros de "consciência quântica" — chame como quiser.

Em outras palavras, entrei em contato com a minha Alma. E nesse contato eu simplesmente disse: "Chega! Está na hora de *Receber*."

Foi como num passe de mágica: consegui cumprir minha meta de trabalhar menos, ao mesmo tempo que minha renda se manteve muito parecida. Andréa, por sua vez, recebeu um aumento que nos permitiu manter nosso estilo de vida com tranquilidade.

Esse dia não foi quando "tudo começou" a mudar para mim. A história começa de verdade em 2008, quando iniciei minha jornada de autoconhecimento e espiritualidade.

Mais do que me "autoconhecer", passei a praticar uma ação consciente. Assumi a responsabilidade pela minha vida. Aceitei quem eu era, minha verdadeira essência.

Esse despertar e o trabalho consciente que venho realizando ao longo de todos esses anos foram a real causa de eu ter estabelecido contato com a minha Alma e realizado diversas mudanças na minha vida.

Desde então, percebo cada vez mais transformações acontecendo em mim e ao meu redor.

Isso significa que minha vida é perfeita? Não. Os desafios e situações desafiadoras continuam aparecendo, e sou um ser humano, como você. Erro e caio, como todos nós caímos. Apesar disso, assumo a responsabilidade por esses erros e quedas e trabalho de forma ativa e consciente para corrigir isso.

Quanto mais mergulho em mim e assumo essa missão, mais sinto que a consciência da minha Alma está comigo.

Até mesmo o convite para escrever este livro é consequência de uma série de acontecimentos que se desenrolaram perfeitamente e em total sintonia com esse Desejo da Alma de realizar sua missão nesta dimensão física. (Exatamente um mês antes de iniciar a escrita, comentei com Andréa que queria levar estas palavras para o mundo de alguma forma, e o convite surgiu em seguida.)

A maior dádiva de estabelecer e manter esse contato é podermos viver ao mesmo tempo em duas dimensões. Tocamos o Infinito, nossa verdadeira essência, e interagimos com o finito, a realidade física.

A separação é uma ilusão, é uma consciência fragmentada.

Meu convite neste livro é para ajudar você a criar essa ponte de conexão com a sua Alma. Retomar a consciência da Unidade.

Não prometo que esse período será um mar de rosas. Porque quando enxergamos nós mesmos através do olhar da Alma, vemos como estamos "sujos", "feios" e "desarrumados" por dentro. No entanto, posso garantir que estar lendo estas palavras também é um Desejo da sua Alma.

Então, aceite o convite e o chamado que sua Alma está fazendo.

Respire profundamente... convide sua Alma para se aproximar de você...

E vamos, juntos, embarcar nessa viagem.

Convite à Meditação

Em várias partes deste livro, vou fazer convites para uma meditação.

O processo é simples, e não precisa de nenhum preparo especial. Se possível, apenas certifique-se de que suas pernas e seus braços estejam descruzados. Respire profundamente algumas vezes e, se for possível, feche os olhos. Sinta como se uma grande Luz começasse a te envolver. Essa Luz é a Luz Infinita.

Ao inspirar, medite que está recebendo a Luz; ao expirar, medite que está compartilhando Luz, Amor, Saúde, Paz...

Faça isso por alguns momentos. Esse processo por si só já nos auxilia a entrar em sintonia com a consciência da Luz.

Essas primeiras orientações formam o princípio de toda prática meditativa.

Quando começar a meditação, se sentir vontade, você também pode visualizar um nome em hebraico que traz a energia da "cura" em todos os sentidos — curas física, emocional, mental e espiritual.

As letras hebraicas são lidas da direita para a esquerda, e você pode visualizá-las à sua frente no momento da meditação.

Não se trata de um mero alfabeto, mas de uma frequência de energia que nos auxilia a alcançar outras frequências espirituais. Elas atuam como uma ponte entre a consciência física e a dimensão espiritual.

Nessa etapa da meditação, visualize a Luz atravessando as letras e entrando em seu corpo, passando por todas as partes dele. Primeiro pela cabeça, depois seguindo pelo pescoço, pelos braços, por todo o tronco — percorrendo também os órgãos internos —, pelas pernas e os pés. Visualize todo o seu corpo repleto de Luz. Visualize essa "iluminação" e "passe" as letras pelo seu corpo também.

Ao realizar as práticas meditativas, principalmente as que estão ligadas à busca por uma "resposta" (como a resolução de um problema ou qual é nossa missão), é comum termos um insight, um flash.

Muitas vezes, esse clarão é a resposta da nossa Alma. O problema acontece quando questionamos, quando ficamos em dúvida. Então, não tente racionalizar esse processo intuitivo.

Deixe fluir.

Ao realizar as práticas meditativas, principalmente as que estão ligadas à busca por uma "resposta" (como a resolução de um problema ou qual é nossa missão), é comum termos um insight, um *flash*.

Muitas vezes, esse clarão é a resposta da nossa Alma. O problema acontece quando questionamos, quando ficamos em dúvida. Então, não tente racionalizar esse processo intuitivo.

Deixe fluir.

Shin   Hei   Mem ⇐

1
Crise de identidade

- Quem é você?
- Quais identidades falsas criou para si mesmo e quais foram criadas para você que hoje você carrega?
- Qual é a sua utilidade no mundo?

Você já parou para pensar por que o mundo está como está? Crises, guerras, desastres naturais avassaladores... Por que tudo isso acontece? O que falta para parar de acontecer?

Nos últimos 100 anos, passamos por uma revolução tecnológica incrível. Avanços em diversas áreas: nas comunicações, na tecnologia de alimentos, na saúde etc. Contudo, mesmo com todo esse avanço, mesmo com todos os recursos que temos à disposição, grande parte da humanidade parece não ter evoluído.

Estamos há milhares de anos fazendo as mesmas perguntas.

"Quem sou eu? Por que estou aqui? O que vim fazer? Qual a missão da minha vida?"

É por não encontrarmos respostas para esses questionamentos que continuamos no mesmo *loop* de problemas, não cuidamos da natureza, não cuidamos de nós mesmos, e enfrentamos conflitos em todos os lugares. A cada situação, criamos um "curto-circuito" que nos queima por dentro, gera estresse e mais problemas.

Crises no trabalho, na família, problemas financeiros e de saúde, brigas, discussões, intrigas... Na verdade, hoje muitas profissões só existem para "resolver" problemas.

E por que eles surgem, afinal?

Simples: porque são consequências de ações e pensamentos nossos — conscientes ou não — ao longo da vida. Irritar-se no trânsito, envolver-se em polêmicas no trabalho, reclamar e falar mal dos outros...

Querer sempre acumular mais e mais dinheiro (e se tornar "escravo" do dinheiro), ou até roubar, enganar ou tirar proveito dos outros.

Todas essas ações geram curtos-circuitos. São as reais causas dos problemas que surgem em nossa vida — ainda que surjam dias, meses ou anos depois. Nada acontece "do nada", "por acaso", ou em decorrência de um "acidente do destino".

Milhões de pessoas vivem com essa consciência automatizada, robotizada, repetindo os mesmos padrões todos os dias.

Precisa ser assim? Deveria ser assim? Será que existe uma saída?

Ao longo deste livro você vai entender que **a pergunta é mais importante do que a resposta.**

Quando entramos na dimensão da "pergunta", começamos a nos afastar das crenças limitantes e quebramos uma série de cascas que nos impedem de estabelecer esse contato íntimo e pleno com a nossa Alma, a nossa essência.

Perguntar é mais importante do que ter a certeza da resposta. Uma resposta "certa" pode gerar arrogância, que nos impede de enxergar a verdade em sua completude, e também pode nos afastar de criar conexão com o "outro" (por estarmos presos em nossa "verdade").

Divagar na profundidade da pergunta é mergulhar na Alma em busca de sua essência.

Todas as crises pessoais e planetárias são fruto de conflitos de identidade... Porque nós não sabemos quem somos!

Quantas vezes você perguntou (ou foi perguntado) "O que você vai ser quando crescer?". As respostas mais comuns a essa pergunta costumam estar relacionadas ao campo profissional. "Vou ser médico", "Vou ser advogado".

Mas a nossa profissão não é quem nós somos. É apenas o que nós fazemos.

Por anos, assumi identidades como "programador", "terapeuta", "copywriter", "marqueteiro"... Mas essas respostas são apenas "roupas" que uso ou usei no campo profissional, e nenhuma delas responde "quem eu sou".

Encontrar quem nós realmente somos, mergulhar no nosso verdadeiro ser, é a maior realização que podemos alcançar.

Agora, pare e reflita... respire fundo... e se faça a pergunta: **Quem eu sou?**

Quais são as identidades falsas que você assumiu? Quem você realmente é? Qual é a sua verdadeira essência?

Não se preocupe se não achar uma resposta, porque é um processo — que pode ser mais rápido ou mais demorado —, uma reflexão constante, que se intensifica nos momentos mais desafiadores.

Ao longo da vida assumimos uma série de identidades falsas criadas por nós mesmos e também por outros. Essas identidades falsas vão criando cascas e mais cascas, nos afastando cada vez mais da nossa verdadeira essência, do nosso verdadeiro "Eu".

Quando finalmente conseguimos quebrar essas cascas e de fato assumir a responsabilidade pela nossa vida, assumir quem somos e retomar esse contato íntimo com nós mesmos, com nossa essência superior, conseguimos sair dessa crise.

Isso é um chamado urgente para todos. Porque parece que há uma "pressão" sobre nós cada vez mais forte. Parece que tudo está mais acelerado e nos resta cada vez menos tempo.

Essa pressão é espiritual. É a consciência da Alma querendo entrar em contato conosco. E, por não compreendermos isso, pelo fato de nossas cascas impedirem a Luz de entrar em nós, o peso pode gerar doenças como a depressão.

Por isso quebrar esses padrões e deixar nossa Alma chegar até nós é uma necessidade urgente.

Agora, preste atenção a isto: há muitos anos, mergulhei em estudos sobre espiritualidade, religiões e autoconhecimento. Em 2008, tive o primeiro contato com uma sabedoria chamada *Kabbalah*, e, desde então, minha vida mudou.

Não vou me aprofundar em conceitos "técnicos", mas farei muitas referências a esse estudo, além de citar trechos da Bíblia e grandes mestres conhecidos da humanidade, como Moisés, Jesus, Buda e Maomé, quando for necessário.

A *Kabbalah*, a Alma, une. O ego separa.

Existem práticas específicas que aplico em minha vida pessoal? Sim. Adoro meditar visualizando letras hebraicas, e faz parte do meu ser realizar as práticas e orações cabalistas. No entanto, muito além de orações e práticas específicas, estou falando de frequências de energia.

Estar em contato com a nossa Alma não é técnica nem religião, é uma frequência.

O que compartilho não é apenas uma visão intelectual, mas, sim, minhas vivências e experiências a partir desse contato direto com a minha Alma e a Consciência Divina.

O Paraíso, a Árvore da Vida, não é uma dimensão fora,
é uma **dimensão de consciência dentro de nós.**

Então, citando meu mestre de *Kabbalah*,* rabino Joseph Saltoun, **o objetivo deste livro é nos ajudar a entrar na frequência da Árvore da Vida.**

Quando entramos nessa dimensão de consciência, nessa frequência, não importa qual religião seguimos, não importa a que cultura pertencemos, nós conseguimos interagir com todas essas dimensões metafísicas na nossa vida cotidiana.

Esse é o grande segredo. Existe uma dimensão espiritual na qual nossa Alma "está".

A chave é conseguirmos manter a consciência no Infinito, no espiritual, ao mesmo tempo que interagimos com o mundo da matéria.

Porque é dessa forma que conseguimos estabelecer um contato pleno com quem nós somos, com nossa essência.

Agora imagine... Se estivermos ligados ao nosso Eu Divino, existirá algum "problema" em nossa vida?

Imagine que você esteja com uma questão ou dificuldade na área financeira. Nossa Alma, na dimensão infinita, tem acesso a um "banco" cósmico infinito. Se no mundo físico estivermos devendo milhões de reais, será que temos esse "dinheiro" em nossa conta espiritual para podermos "sacar"? E se tivermos as chaves para acessar essa conta bancária cósmica? E se tivermos as chaves para a Saúde Infinita? Para o Amor Infinito? Felicidade Infinita?

---

* *Kabbalah* é a transliteração da escrita original em hebraico. Cabala, Cabalá e Kabalah são outras grafias que foram sendo adaptadas e também podem ser usadas.

Sim, tudo isso é possível.

Não estou dizendo que desafios não surgirão em nossa vida e que você se tornará um santo a partir de agora (eu também não sou santo e posso provar!). Mas quero convidar você a mergulhar nessa viagem interior, na qual vamos quebrar muitos conceitos.

Porque, enquanto continuarmos dependentes de um "Deus" fora de nós, culpando uma serpente pelos nossos problemas, culpando as outras pessoas, afirmando que somos vítimas das situações, vamos continuar presos nessa ignorância.

Mas como nos conectamos de forma consciente com Deus e com a nossa Alma?

Nossa Alma está dentro ou fora de nós?

Como quebramos as cascas que nos impedem de nos conectarmos com nossa essência?

Como criar essa ponte, essa linha direta com nossa Alma, e obter respostas e caminhos para tudo que precisamos?

É isso que vamos começar a responder.

Uma Lavagem Cerebral

Há milhares de anos somos ensinados que existe um "Deus" que está fora de nós (aquele "Pai nosso que estais nos céus").

Muitas pessoas imaginam Deus como um ser sentado em um trono, castigando os filhos depois que foram expulsos do Paraíso.

Alguns esperam Jesus voltar, outros esperam Moisés, outros, Maomé… e todas as necessidades que sentimos em vida pedimos para "Deus" ou para um desses salvadores "externos" resolver. Basta orar e seremos atendidos.

Quantas vezes entramos em uma igreja, em uma sinagoga ou um templo com uma "lista de compras" e tentamos barganhar com Deus? "Deus, veja como sou bonzinho. Estou aqui orando porque eu Te amo. Veja como sou fiel. Eu preciso disso, disso, disso e disso."

Será que é assim que realmente nos conectamos com Deus?

Essa é a lavagem cerebral que sofremos ao longo de milhares de anos, que nos desconecta da fonte, da nossa essência. Nós perdemos esse "link", o "elo" que nos conecta com nossa essência espiritual.

Veja, se você segue uma religião, não é para você abandoná-la. Na verdade, é exatamente o contrário. Porque, a partir do momento em que você passa a interagir com a consciência da sua Alma... **quando desperta o Salvador dentro de si mesmo**... você passa a estar plenamente conectado com essa Consciência Divina. E, em vez de orar com uma "lista de compras", você passa a interagir de forma consciente com essa Inteligência Espiritual.

Em vez de sermos vítimas das situações, e de simplesmente sermos levados pelos "efeitos", entramos na dimensão da causa e passamos a ser cocriadores conscientes da nossa Realidade.

Então, quando precisarmos de orientação, respostas, insights, nós vamos conseguir encontrar, **porque estaremos sintonizados com a consciência da causa... a consciência da Alma.**

O problema da idolatria

Acredito que você tenha reparado que quando me refiro a "Deus" quase sempre uso aspas ou outros nomes e referências. Consciência Divina, Mente Quântica, Consciência Espiritual... Há um motivo especial para eu escrever dessa forma, que vou explicar no próximo capítulo (e a partir de então vou me referir a essa Consciência usando outro nome).

Mas antes precisamos falar sobre idolatria.

Idolatria não é "adorar outros deuses" no sentido de que "o deus daquela religião é errado e só o meu é certo". Dinheiro, sexo, álcool, drogas... esses são alguns exemplos de "deuses" que idolatramos. É muito fácil sermos seduzidos por isso, e deixar que nos controle.

Quando temos dinheiro, o que queremos? Mais dinheiro. E com o que ficamos preocupados em seguida? Em não perder o dinheiro!

Idolatria é deixarmos outras consciências, que não são a da nossa Alma, guiar nossa vida.

Da mesma maneira, pedir a Deus, Jesus ou Moisés que resolvam nossos problemas é uma forma de idolatria... porque estamos abrindo mão da responsabilidade de fazer nosso trabalho espiritual.

Deus, Jesus, Moisés, Buda e tantos outros mestres existem, e estão prontos para nos auxiliar. Mas precisamos entrar na frequência correta para interagir com essas consciências. E essa frequência é a frequência da Alma.

Enquanto estivermos presos na ideia de um Deus, um mestre, e até mesmo de nossa Alma como algo externo, fora de nós, e não assumirmos a responsabilidade pela nossa vida, não estaremos na frequência correta. Até podemos ser atendidos, mas de forma limitada.

É só quando assumimos a responsabilidade pela nossa vida e saímos da consciência da idolatria e da ignorância, quebrando a casca da lavagem cerebral de milhares de anos, que nos conectamos à nossa verdadeira essência, e recebemos tudo de que precisamos de maneira infinita.

Reflexão: Você está pronto para assumir a responsabilidade sobre a sua vida? Até hoje, quais foram seus ídolos? Será que até mesmo pedir ajuda a Deus não se tornou um modo de praticar a idolatria e delegar a responsabilidade sobre a sua vida?

2

Onde Está a Alma?

Para acessar a Alma, primeiro temos que encontrá-la, não é mesmo?

Por anos fomos ensinados que a Alma, assim como Deus, está fora de nós. Essa separação, contudo, é mera ilusão, e precisamos transpor essa barreira. Porque a Alma e a Consciência Divina existem em outra dimensão de consciência... e dependemos da NOSSA consciência agora para conseguirmos nos conectar a elas.

Precisamos acessar a dimensão de antes do Tempo como conhecemos existir. Uma dimensão anterior ao que está escrito na Bíblia. "No princípio criou Deus [Elohim, no texto em hebraico original] os Céus e a Terra."

Essa dimensão é a dimensão do Infinito.

A Alma como Unidade

- Será que foi "Deus" quem criou o Universo?
- Qual o momento do início da Criação?

A explicação que darei aqui está fundamentada nos conhecimentos da *Kabbalah*, que não é uma religião. Todas as religiões nascem dessa sabedoria e assumem formas particulares depois.

Podemos encontrar a *Kabbalah* no cristianismo, na umbanda, no budismo, no hinduísmo e nas culturas indígenas de diversos países.

Existe livros que apresentam praticamente o mesmo texto, mudando somente nomes e contextos. Por exemplo, um dos textos da *Kabbalah* diz algo como: "O Recipiente criou dentro de si um vazio e, nesse vazio, criou a Realidade." Ao mesmo tempo, existe um conto tradicional indígena que diz: "O grande pássaro criou dentro de si um buraco e, dentro dele, criou o mundo."

Muda-se a roupagem, mas a essência, a raiz espiritual, é a mesma — e percebemos isso quando conhecemos as chaves.

A *Kabbalah* também não é "judaica". O judaísmo enquanto religião surge na mesma época do cristianismo. Apesar da tradição cabalista ter sido encontrada espiritualmente pelo povo hebreu e guardada pelos sábios da época, é uma sabedoria que pertence a toda a humanidade.

"Hebreu" é aquele que tem a consciência da "ponte", ou seja, é quem projeta a ponte entre os mundos físico e espiritual.

Não tem nada a ver com religião.

A *Kabbalah* é uma filosofia que descreve o mundo e a Criação. Como já mencionei, não vou entrar na parte "técnica", mas vamos trabalhar juntos nessa dimensão de consciência.

Desde antes da criação da nossa dimensão de realidade, existe uma dimensão chamada "Infinito". No Infinito existe a Luz Infinita, que preenche tudo. Essa Luz Infinita emana do Criador Absoluto, provedor de todas as coisas, e que a consciência humana não consegue captar ou compreender, mas percebe sua emanação (a Luz Infinita). Essa é a fonte de toda Luz e Prazer Espiritual completos.

No Infinito, a Luz Infinita cria um receptáculo que pode Receber essa Luz. Na *Kabbalah*, chamamos de Recipiente.

A função da Luz é Compartilhar. A função do Recipiente é Receber.

Esse Recipiente foi criado para Receber a Luz que a Luz Infinita compartilha. É um Recipiente Infinito, capaz de Receber a Luz Infinita.

Tudo que existe está nessa dimensão do Infinito, com a Luz compartilhando e o Recipiente recebendo.

O Recipiente foi criado da mesma essência da Luz, e infinitamente Recebe esse Prazer Espiritual e plenitude. Como o Recipiente é criado da mesma essência da Luz, nasce dentro do Recipiente o Desejo de Compartilhar. Afinal, se é tão bom Receber, eu também quero Compartilhar!

Você lembra que a função da Luz é Compartilhar? Ela não tem como Receber. Não há espaço que permita esse mesmo Prazer Espiritual ser compartilhado.

É como se duas pessoas vivessem juntas a vida inteira, sendo melhores amigos e fazendo tudo juntos. Até que um dia o primeiro amigo dá um presente para o segundo, e este fica tão feliz que quer retribuir. Contudo, o primeiro amigo fala que não pode receber.

Então o que acontece? Até aquele momento, os dois amigos se viam como iguais. Agora, porém, o amigo que recebeu o presente e não pode retribuir se sente inferior. Então, ele se afasta.

Voltando à Luz Infinita e ao Recipiente Infinito, o Recipiente tem a mesma sensação de se sentir inferior, porque não pode Compartilhar.

Então ele decide se afastar da Luz... **e cria dentro de si um espaço, um Universo, onde ele pode aprender a Compartilhar.**

Esse momento é o que chamamos na *Kabbalah* de Contração. É o momento do *big bang*. É aqui que começa a criação da nossa dimensão, porque é nesse momento que o Recipiente sai da dimensão infinita e começa a dimensão finita, a dimensão do tempo.

Preste atenção: não foi a Luz Infinita que criou o nosso Universo... Foi o Recipiente.

Por isso, quando falamos do Criador (Deus), o Recipiente é o Criador da nossa dimensão.

Toda a Criação, todo o Universo e todas as Almas existem como uma unidade no Recipiente.

E é apenas quando há o afastamento da Luz que começa a haver o discernimento e a separação. Ainda assim, em essência, todas as Almas existem como uma Alma só no Recipiente, e essa separação é temporária, só até voltarmos novamente à consciência do Infinito.

Veja que esses conceitos são relativos, porque estamos sempre falando da ótica do Recipiente.

Em outras palavras, nós somos o Recipiente... e nós criamos o nosso Universo.

Aqui começa a primeira expressão do livre-arbítrio.

O Criador (a Luz Infinita) permitiu que a Criatura (nós, o Recipiente) criasse uma dimensão diferente, para que ela pudesse se expressar e aprender a Compartilhar. É a partir daqui que começa a criação física da Realidade.

A Contração e o Pão da Vergonha

- Por que sentimos que não merecemos paz, amor, saúde, prosperidade?
- De onde vem o complexo de inferioridade?

A Contração surge do Desejo do Recipiente de Compartilhar com a Luz — mas ele não consegue, e se sente inferior.

Esse sentimento do Recipiente é chamado de Pão da Vergonha.

Como posso receber tanto prazer da Luz se não posso Compartilhar? Não me sinto merecedor!

Nessa dimensão cósmica surge um sentimento de complexo de inferioridade que nos atinge até hoje, e continuará nos atingindo até voltarmos à consciência da Unidade.

É por isso que vemos tantos ganhadores de loterias perderem tudo em questão de anos, ou herdeiros destruírem suas fortunas em pouco tempo.

Até em situações mais próximas, quantas vezes as pessoas não valorizam o que recebem de graça?

Isso acontece porque, sem nos sentirmos merecedores, não queremos Receber (e esse é um processo inconsciente).

É esse complexo de inferioridade, essa sensação do Pão da Vergonha, que gerou o afastamento da Luz. Quanto maior o complexo de inferioridade em alguém, maiores os perigos. Assim surgem ditadores, guerras e grandes situações de desastre no planeta.

Qual a cura? Voltarmos a nos sentir merecedores de Receber o Prazer Espiritual que a Luz Infinita nos provê.

O Recipiente rejeitou a Luz, mas a Luz continua existindo e nos provendo.

Nossa essência é Receber, mas queremos nos sentir iguais à Luz (não sermos a Luz, mas sentir o prazer de Compartilhar).

Isso só é alcançado por meio da consciência do Compartilhar nessa dimensão criada por nós enquanto Recipientes Cósmicos.

Transformamos nosso Desejo de Receber (que é a essência do Recipiente) em Desejo de Compartilhar (que é a essência da Luz).

Veja, quando falo Compartilhar, não falo necessariamente de um ato físico. **Compartilhar é um estado de consciência**, de que vamos falar mais adiante. Uma mesma oração pode ser feita com a consciência de receber apenas para si mesmo, gerando um curto-circuito ou com a consciência de Compartilhar.

Uma consciência de curto-circuito é fazer orações como um papagaio. Proferir uma oração apenas por obrigação, porque "tem que rezar", é uma consciência robótica.

Muitas vezes, eu também caio nessa consciência; quando percebo isso, porém, recomeço e volto a orar com a intenção correta (na *Kabbalah*, isso é chamado *Kavanah*, a sua intenção).

Volto para consciência correta com certeza absoluta de que estou me conectando com a consciência da Luz, com a consciência do Compartilhar, e prossigo com minhas orações.

Um bom exemplo seria pensar em saúde; você precisa de saúde no corpo físico. Você pode orar apenas pela sua cura, e está tudo bem fazermos isso quando passamos por situações como essa. Porém, se também meditamos em Compartilhar saúde, se meditamos em levar a energia e a consciência de cura para todo o planeta... atingimos a dimensão do Compartilhar.

Meditamos em compartilhar a Luz da Saúde com todos os seres, e pedimos que também possamos Receber essa Luz. **Nós Recebemos quando Compartilhamos!**

Cura, prosperidade, amor... fomos criados para Receber tudo isso. Mas precisamos mudar a consciência.

Apenas dessa forma vamos começar o processo de cura de querer "receber apenas para si mesmo" (que gera curto-circuito) para entrar na dimensão de "Receber para Compartilhar".

Com essa consciência, nos sentiremos merecedores de Receber a Luz da Saúde, a Luz do Amor, sem o Pão da Vergonha, sem nos sentirmos inferiores.

Vamos voltar à história do Recipiente no Infinito que fez a Contração. Agora nós saímos da dimensão infinita. O Recipiente começa a criar dentro de si um espaço onde ele pode aprender a Compartilhar.

É como se o Recipiente se fragmentasse em diversas partes para aprender a compartilhar com si mesmo.

Porque, aprendendo a Compartilhar "jogando com ele mesmo", ele se sentirá igual à Luz — e se sentirá merecedor de Receber toda aquela Luz e Prazer Infinitos novamente.

O rabino Joseph Saltoun contou uma história que ilustra bem isso. Imagine que há uma piscina enorme cheia de água, e dentro dela há vários copos. Todos os copos estão cheios de água, mas olhando de fora não é possível discernir entre os copos individuais (mesmo eles existindo lá dentro).

Apenas ao tirar os copos da piscina (quando o Recipiente se fragmenta) você percebe cada copo como um ser individual.

Esse é o processo da Contração e da Fragmentação. No entanto, todos os "copos" continuam repletos de água, todas as Almas continuam recebendo toda a Luz Infinita.

A Luz Infinita não parou em nenhum momento de Compartilhar com o Recipiente. Apenas a percepção de cada Alma se torna individual e separada — mas ainda parte do todo.

Nessa dimensão dentro do Recipiente (dentro de nossa consciência cósmica), há vários níveis e dimensões. Uma dessas dimensões de consciência é chamada Elohim.

É esse Elohim quem cria os Céus e a Terra descritos na Bíblia. (*"Beresheet bara Elohim et hashamaim ve'et ha-aretz"* — Em princípio criou Elohim os Céus e a Terra.)

A Bíblia não é um livro que descreve a jornada de um povo. É um livro que descreve a jornada da Alma passando por todo o seu processo de transformação e revelação da Luz.

Elohim, que em nossa cultura e em inúmeras traduções é chamado de "Deus", **é um código que descreve a Inteligência Espiritual da natureza, e também a união de todas as Almas da humanidade.**
Veja que até mesmo Elohim não é o "Criador Absoluto", mas um "Criador Relativo", dentro do Recipiente.
Nós também somos Elohim! Somos o mesmo "Deus" que criou os Céus e a Terra.
E, assim como o Recipiente original, Elohim também precisa se curar do Pão da Vergonha. Como fazemos isso?
Por meio da humanidade, da dimensão física.
Elohim cria a consciência de Adão e Eva, que não são "um homem e uma mulher", mas uma dimensão espiritual.
Adão e Eva são os Recipientes em forma humana (mas ainda em um nível energético), capazes de Receber toda a Luz Infinita.
Como dimensão de consciência da humanidade, foram criados para curar Elohim do Pão da Vergonha através da dimensão física.
Ou seja, eu e você, nós, somos o Recipiente que criou o Universo. E nós mesmos, na dimensão de Elohim, criamos a dimensão de Adão e Eva e a dimensão física em que vivemos. **Nós somos tudo isso!**
Somos os únicos responsáveis e capazes de realizar essa cura espiritual, em toda a dimensão do Recipiente, para Receber a Luz Infinita em toda a plenitude.
Nessa dimensão espiritual do Paraíso, Adão e Eva eram destinados a comer o fruto do conhecimento do bem e do mal; eles foram criados para isso.

Então surge a "serpente", e faz com que Eva e Adão comam o fruto antes da hora, antes de estarem prontos para esse conhecimento recair sobre a humanidade.

Esse momento foi descrito como "o pecado de Adão e Eva"... mas será que foi mesmo?

Quem criou o mundo?

- Quem é o "Deus" que aparece na Bíblia?
- Qual foi o verdadeiro pecado de Adão e Eva?

Estamos fazendo toda essa viagem porque precisamos entender onde nossa Alma está em todo esse jogo cósmico. Precisamos conhecer os jogadores para podermos interagir com eles da forma correta.

O Recipiente, após a Contração, gera uma dimensão de realidade finita dentro de si. Essa realidade tem vários níveis internos de Recipiente, se afastando cada vez mais da Luz. Um desses níveis se chama Elohim, que é um código que descreve a Inteligência Espiritual da natureza e a união das Almas de toda a humanidade.

Todos nós somos parte do Recipiente. Todos nós somos o Recipiente e criadores do nosso Universo.

Nós somos os responsáveis pela criação do Universo, e também fazemos parte da Consciência Divina de Elohim.

Quando lemos na Bíblia que "Deus" deu alguma ordem, ou "Deus" se enfureceu, não é do "Criador Absoluto" que se está falando.

É a nossa consciência espiritual coletiva que está falando conosco!

Da mesma forma, Elohim criou a dimensão do Paraíso. O Paraíso não é uma dimensão fora de nós, também é uma dimensão de consciência. Nessa dimensão surge a consciência de Adão e Eva à imagem e semelhança de Elohim, que contém todas as Almas humanas dentro deles.

Fisicamente, a humanidade já existia há milhares de anos, mas ainda sem a consciência espiritual. É como se as pessoas existissem de forma totalmente animalesca e instintiva, sem consciência de quem eram.

A consciência de Adão e Eva deveria recair sobre a humanidade para coletivamente realizar nossa missão espiritual (ajudar Elohim a Receber a Luz sem o Pão da Vergonha). Nesse momento, porém, ocorre um desvio, um curto-circuito cósmico. Nesse curto-circuito há uma quebra, uma ruptura da conexão espiritual que tínhamos com Elohim e a dimensão do Paraíso. Caímos na dimensão da escuridão e nos esquecemos de como é viver no Paraíso, nos esquecemos de por que fomos criados.

E é essa memória que precisamos resgatar agora.

A serpente (Ego) não é o inimigo

- Se a serpente não é o inimigo... então quem é?
- Por que fugimos tanto da responsabilidade dos nossos atos?
- Quem governa a sua vida?
- Por que a serpente é nossa aliada?

Mais uma vez precisamos sair da lavagem cerebral que aceitamos ao longo da vida.

Infelizmente, fomos levados a acreditar que o responsável por todo o mal em nossa vida, inclusive pelo "pecado de Adão e Eva", foi a serpente. **Mas a serpente não é o inimigo.**

A serpente é nosso Ego, e ela também tem uma função.

Adão e Eva foram criados para comer o fruto do conhecimento do bem e do mal, mas acabam realizando esse ato antes de estarem prontos.

Nesse momento, Elohim "entra" no Jardim do Éden e pergunta a Adão se ele comeu o fruto. Adão diz que foi Eva quem o seduziu, e Eva diz que foi a serpente.

Veja...

O pecado não foi ter comido o fruto do conhecimento do bem e do mal (porque Adão e Eva foram destinados a isso), mas, sim, o de não terem assumido a responsabilidade por esse ato.

O papel da serpente (Ego) não é fazer mal para nós. O papel da serpente é nos perguntar qual é o nosso nível de consciência.

Lembro-me das diversas vezes ao longo da vida em que menti ou fiquei quieto quando fui questionado sobre uma situação, para evitar assumir a responsabilidade pelos meus atos. Quantas vezes você já fez isso?

É esse o papel da serpente. Porque, ao depararmos com situações desafiadoras, se mentimos, se fugimos, se não assumimos a responsabilidade, continuamos "pecando".

Gosto muito de estudar hebraico porque por trás dessa língua existem diversos segredos que só podem ser encontrados quando nos aprofundamos nela.

Em hebraico, a palavra Serpente (*Nahash*) tem o mesmo valor numérico da palavra Messias (*Mashiach*).

Isso significa que quando assumimos a responsabilidade por nossas ações, por nossa vida, a serpente se transforma em Messias, mas não como uma entidade externa que virá nos salvar.

Nós nos transformamos em nossos autossalvadores.

E a serpente que nos "desafia" (com situações que nos testam) se torna nossa aliada e nos ajuda a recobrar e manter a conexão com o Paraíso e a nossa Alma.

Nós não "temos" uma alma. Nós somos a nossa Alma, passando por uma experiência física.

Nossa essência é a Luz Espiritual, e o corpo físico foi criado para servir à consciência da Alma.

Quando estamos presos na consciência robótica, da idolatria, nos afastamos de nós mesmos. É como se a Alma ficasse presa, obrigada a servir ao desejo egoísta do corpo.

E o papel da serpente é constantemente nos perguntar se estamos prontos para voltar à dimensão do Paraíso. Porque, se assumimos a missão da nossa Alma, se assumimos a responsabilidade, as portas do Paraíso se abrem e temos acesso a tudo de que precisamos para realizar essa nossa missão.

O verdadeiro inimigo é o esquecimento.

Assim, em consequência desse curto-circuito cósmico, esquecemos quem somos, esquecemos nossa essência espiritual, e ficamos presos à matéria, aos desejos mundanos de querer receber só para nós mesmos. Esquecemos como é viver no Paraíso, e precisamos recobrar essa memória para despertar o Desejo da Alma de voltar a esse estado.

Para voltar ao Paraíso, precisamos trabalhar para lembrar que já estivemos lá.

Meditação: Lembrança do Paraíso

- Respire profundamente e faça o preparo para a meditação (conforme vimos na seção "Convite à Meditação").

> - Entre em contato com a consciência da sua Alma. Continue respirando e medite em lembrar como é a dimensão do Paraíso.
> - Recobre a memória de como é viver no Paraíso, recebendo toda a Luz, lembrando sua origem divina. Medite em curar todos os bloqueios que o impedem de recobrar a consciência original, antes de haver a queda da consciência.
> - Lembre-se da sua essência. Você é uma Alma, um ser espiritual, vivendo uma experiência terrena.

A raiz de todo o mal em nossas vidas

- Por que coisas ruins acontecem?
- Você aceita sua essência espiritual?

Então, agora nós começamos a entender por que coisas ruins acontecem em nossa vida... e qual é a verdadeira causa de tudo isso. Em nossa dimensão física, estamos afastados da consciência da Luz Infinita. Quanto mais nos distanciamos, mais mergulhamos na escuridão.

Esse mergulho é necessário, faz parte do processo. Mas precisamos nos aproximar da consciência da Luz, que é Compartilhar.

Quanto mais desejamos receber apenas para nós mesmos, quanto mais geramos curtos-circuitos (por meio de atos egoístas, brigas, discussões, intrigas, fofocas etc.), mais nos afastamos da consciência da Luz.

E então os problemas começam a aparecer. Às vezes quase imediatamente, mas muitos problemas surgem por conta de atos e ações de anos atrás que não conseguimos corrigir e transformar a tempo.

Quanto mais entramos na dimensão do Compartilhar, mais nos aproximamos da consciência da Luz.

Vejo isso com muita nitidez quando se trata do meu trabalho. Na data em que escrevo este livro, atuo fortemente como profissional do marketing, e meu trabalho é "vender". Se perco minha conexão e começo a pensar apenas no dinheiro que eu ou meus clientes vamos ganhar, problemas começam a surgir.

No entanto, quando estou na vibração e consciência corretas, quando consagro meu trabalho, mentalizando que tudo o que faço é para compartilhar saúde, prosperidade e alegria, tudo flui.

Lembre-se de que praticamente tudo é uma questão de consciência. Algumas (muitas) vezes, entretanto, mesmo com essa mentalidade as coisas não andam porque de fato não é para seguir em frente, e está tudo bem também.

Quando começamos a seguir um caminho que não é o ideal, nossa Alma começa a "gritar", tentando nos guiar para a direção certa. Por isso, nosso trabalho é procurar cada vez mais ter esse contato com a Alma e manter essa conexão, sem cair na sedução e na consciência robótica da rotina que escraviza. Não fisicamente, mas a nossa consciência.

Uma das maiores causas dos curtos-circuitos é não aceitar quem nós somos — porque nós realmente esquecemos!

Somos seres criados para Receber a Luz, e nossa missão é ajudar a consciência do Recipiente (Elohim — nossa consciência espiritual humana coletiva) a Receber a Luz sem o Pão da Vergonha.

Somos Almas individuais, mas também parte integral do Recipiente.

Quando aceitamos isso, quando aceitamos que estamos na escuridão, começamos a dar o primeiro passo em nosso retorno à Consciência Infinita.

Pecado não é uma "punição por um erro". Pecado é errar o alvo. Temos uma missão, e nos desviamos.

O pecado não é "errar". Errar faz parte da dimensão humana. O verdadeiro pecado é não querer nos corrigir e acertar a rota.

Por conta do curto-circuito cósmico gerado pela consciência de Adão, nós esquecemos de como é viver no Paraíso e para que fomos criados. Quando começamos a lembrar disso, nossa Alma começa a entrar em nós. **O corpo passa a servir a Alma, e tudo se abre.** E conseguimos isso ao entrar na consciência da proatividade, ou Restrição.

Por exemplo, imagine que você está dirigindo e de repente alguém cruza seu caminho e te "fecha". Qual costuma ser a reação imediata? Buzinar, xingar... essa é a reatividade da consciência presa na matéria. Essas são as reações robóticas, que geram curtos-circuitos em nossa vida.

E qual a consciência da proatividade? É exercer a Restrição.

Restrição é conter o Desejo egoísta de receber apenas para nós mesmos, para transformar isso em Luz.

Na mesma situação do trânsito, uma consciência proativa consegue respirar fundo, desacelerar e, em vez de responder com raiva reativa, aceita a situação e não se apega, até mesmo desejando que o outro motorista chegue em paz ao destino dele.

Muitas vezes, quando dirijo, sinto que "os outros motoristas" estão dirigindo mal, de maneira agressiva, sem respeito. O externo, porém, é um reflexo do que está acontecendo dentro de mim, e eu assumo a responsabilidade por isso.

Quando "os outros" estão dirigindo agressivamente, faço o possível para mudar minha consciência. Começo a dar passagem para outros carros e os pedestres, diminuo a velocidade e faço minhas orações e meditações para transformar toda aquela energia em Luz.

Nas situações cotidianas, como uma discussão mais acalorada no trabalho ou mesmo com a família, o que seria a consciência da Restrição?

Em vez de "brigar" e falar alto, ou seja, cair na consciência da briga e do conflito, a consciência da Restrição seria conseguir resistir a esses impulsos. Respirar fundo e não responder na hora, se possível.

Tento aplicar isso no meu dia a dia, mesmo em conversas "normais", tento não falar a primeira coisa que vem à mente e respiro antes de falar.

É sempre que consigo fazer isso? Não (na verdade, muitas vezes não, mas já foi muito pior também!), porque sou humano e há dias mais leves e dias mais pesados. Mas o tempo todo esse é o trabalho de assumir a responsabilidade.

E eu sei justamente que nos "dias difíceis" a serpente está me ajudando a identificar minha consciência. Quando percebo, aceito e assumo a responsabilidade, sou capaz de transmutar toda essa energia.

E você também pode.

Uma saída: *No pain, ALL gain*

- Qual caminho você está seguindo? O da dor e do sofrimento ou o caminho do amor?

Você consegue ver que não há separação entre o mundo físico e espiritual?

Nós fomos levados a acreditar que é normal sofrer, que temos que "nos matar" de trabalhar para conseguir sucesso. Porém, a consciência da Alma traz uma saída. A vida não é para ser "No pain, no gain" (sem dor, sem ganho).

Quando escolhemos o caminho da Alma, temos uma saída: *No pain, all gain*. Sem dor, todo o ganho.

Sofrer não é normal. Dor, e até mesmo a morte física, não é normal. A consciência da Alma, do Compartilhar, e assumir nossa missão, nos abre uma nova porta. Uma porta de plenitude, amor e imortalidade.*

Temos que sair da consciência da morte. A fonte de todas as ansiedades, dos temores e das inseguranças é o medo da morte. Até isso, porém, é ilusão. A morte física pode chegar ao corpo, mas a consciência, a Alma, é imortal.

Nós podemos (e devemos!) acessar a dimensão da consciência espiritual, e viver nesse "mundo paralelo", ao mesmo tempo que vivemos na dimensão física.

E isso é questão de escolha. Nós podemos escolher o caminho da Alma, do amor, da proximidade com a consciência da Luz Infinita, ou o caminho da dor, presos na consciência robótica da matéria.

Só vamos completar nossa missão quando todas as Almas despertarem e retornarem para o Infinito. Ao mesmo tempo, nosso trabalho é individual. Não estamos aqui para salvar "O" mundo.

Estamos aqui para salvar nosso mundo particular.

O meu mundo é um mundo de amor, um mundo de paz. **Escrever este livro é parte da minha missão de salvar o meu mundo!**

E, com a consciência do Compartilhar, desejo que o maior número possível de Almas seja tocado e desperte... porque também quero que você salve o seu mundo.

Guerras, catástrofes e violência só existem "fora" porque estão dentro de cada um de nós. E precisamos primeiro aprender a curar tudo isso dentro do nosso mundo interior.

---

* De acordo com os cabalistas, a "morte" não existia em nosso mundo. Resgatar a consciência da Alma não significa "viver para sempre", mas entrar na dimensão da Consciência Infinita e ver que até a morte física é uma ilusão.

O sentido de viver

- Afinal, para que fomos criados?
- Qual o sentido de viver?

Toda essa explicação é para você saber o porquê de termos sido criados.

Cada um de nós foi criado para ajudar o Recipiente a se aliviar do Pão da Vergonha.

Temos que voltar à consciência do Paraíso, e continuar proativamente a criação, sem o pecado, sem nos desviarmos do caminho do amor.

Quando damos o primeiro passo na transformação, nosso caminho se abre e nós entramos na criação proativa e consciente da nossa realidade.

No momento da queda da consciência no Paraíso, houve uma quebra, uma ruptura na criação da dimensão física. Era para a consciência de Adão e Eva "descer" sobre a humanidade, mas, no momento do pecado, houve uma "queda".

E, em vez de a consciência de Adão e Eva "descer", a consciência da serpente foi misturada à consciência de ambos. É por isso que em nossa dimensão tudo parece confuso. Porque em vez de Elohim criar essa dimensão junto com Adão e Eva, durante a "queda", quem realmente "cria" nosso mundo é a serpente.

O que significa que, quando estamos orando a "Deus" com a consciência robótica, estamos pedindo para a serpente. Esse é o maior disfarce de todos!

Se pedirmos, nós podemos, sim, ter nossas preces atendidas, mas tudo será temporário. **"Deus dá, Deus tira" — é a consciência limitada e contaminada da serpente!**

Porque o verdadeiro Criador (a Luz Infinita) apenas compartilha Luz de forma infinita!

Existe um caminho para se conectar com a Luz do Criador (a Luz Infinita)... e um caminho para se conectar com "Deus". São caminhos distintos.

Certa vez fiz um processo de meditação muito profundo, 3 meses intensos meditando. No último dia desse processo, encontrei uma paz enorme. Mergulhei em uma dimensão de silêncio, calma e paz interior indescritível.

Naquele momento eu ainda não conhecia a *Kabbalah* como conheço hoje, mas finalmente entendi que, naquela sensação tão profunda e plena, estava em contato com a consciência da Luz, dentro do que eu era capaz de Receber.

É uma sensação incrível Receber todo o Prazer Espiritual direto da consciência da Luz.

Meu mestre de *Kabbalah*, rabino Joseph Saltoun, mencionou que já fez essa jornada pelo "caminho de Deus" e pelo "caminho da Luz".

No "caminho da Luz", ele encontrou todo o prazer espiritual. No "caminho de Deus", ele encontrou a serpente disfarçada de "Deus".

Lembre-se de que a serpente não é o inimigo. Ela é a guardiã do Paraíso.

Quando aceitarmos fazer nossas correções e assumirmos nossa missão espiritual, teremos tudo que é necessário para realizá-la.

É por isso que precisamos sair dessa consciência contaminada de vítimas, recobrar nossa memória espiritual e, de maneira consciente, realizar nossa missão.

Todo o nosso trabalho espiritual é para mergulhar dentro de nosso inconsciente e trazer Luz para esses aspectos. Porque esse é o verdadeiro sentido de viver:* Receber todo o Prazer Espiritual que a Luz compartilha conosco.

Para isso, precisamos tomar consciência dos nossos erros e inclinações negativas e fazer nossa correção.

Viver é um desafio constante para superar nossa má inclinação. Ao superarmos a má inclinação, ao assumir a responsabilidade pelos nossos erros, e aceitarmos fazer nossa correção, nos conectamos com a Alma e a serpente se torna nossa aliada.

O Ego, a serpente, faz parte de nossa natureza inconsciente, e esta é uma chave importante: **precisamos nos tornar IN(dentro)-conscientes e IN-dependentes.**

O Ego, a serpente, não é negativo. Faz parte da nossa natureza, e precisamos nos tornar conscientes da nossa natureza espiritual interna e dependentes dessa consciência de Luz.

Temos que transformar o Ego materialista em Ego divino.

O verdadeiro rei é aquele que governa a si mesmo e sua má inclinação.

---

* Por que "sentido de viver" e não "sentido da vida"? Porque "vida" é algo estático, ficamos presos na definição de um conceito filosófico. Viver é dinâmico, é movimento, é onde temos espaço para crescer, aprender e Compartilhar — para Receber.

3
Preparo para conversar com a Alma

Agora que começamos a entender onde nossa Alma está, vamos dar os primeiros passos para esse contato.

Lembre-se... fomos nós mesmos, enquanto Recipientes Infinitos, que criamos nosso Universo. E todas as Almas, uma Alma só, já estão dentro do Recipiente.

A dimensão física é necessária para que a Alma possa exercer seu trabalho de se aliviar do Pão da Vergonha, porque na dimensão espiritual não existe espaço para esse movimento.

Lembre-se também de que não somos seres que "têm" uma alma. Nós somos a nossa Alma, e a Alma "tem" um corpo.

O corpo foi criado para servir à Alma, mas, por conta de tantos curtos-circuitos que geramos ao longo da vida, presos em nosso Desejo de Receber Egoísta, apenas para nós mesmos, a Alma precisa se limitar e ficar presa aos desejos do corpo. Por conta disso, os problemas começam a surgir. Porque nossa Alma começa a "gritar", tentando nos avisar e mostrar que o caminho que estamos seguindo não é o melhor para nós.

Sua Alma está encarnada em você?

- Você está pronto para Receber sua essência?
- Ou você está se afastando de quem realmente é?

Agora, como "vestimos" a Alma? Como fazemos ela ser parte integrante da nossa vida, para estarmos conectados a essa consciência o tempo todo?

Nossa essência é Luz. No entanto, por conta de tantos curtos-circuitos que geramos, nossa Luz fica oculta.

Conforme crescemos e assumimos as identidades falsas que foram criadas para nós e por nós mesmos, isso gera cascas sobre nossa essência espiritual, e nos afastamos cada vez mais da nossa essência.

Às vezes criamos tantas cascas, ficamos tão distantes, que a Alma não consegue mais "entrar" no corpo, em nosso Recipiente.

Quando o corpo é guiado apenas pelos desejos egoístas, fica apenas como um corpo vivendo no automático. Sem a consciência da alma guiando, vive apenas de "efeitos", sem entrar na dimensão da "causa".

Precisamos preparar nosso Recipiente para receber a Alma.

Esse preparo não é apenas uma questão física (apesar de que também existem práticas específicas que auxiliam nisso). **É uma questão de consciência.**

Quanto mais estamos com a consciência de fazer nosso trabalho, de fazer nossas correções, cada vez mais a Luz da Alma começa a se aproximar. Vamos quebrando todas essas cascas que nos impedem de ser nós mesmos.

A mentalidade de "ter, ter, ter" nos afasta de quem nós realmente somos.

A crise de identidade mundial só será resolvida quando voltarmos a despertar nosso "ser" e nos reconectarmos com nossa essência.

O que nos afasta da Alma? Os curtos-circuitos. Raiva, apego, a parte negativa do nosso Ego que teimamos em negar, e sempre culpar o outro.

Afinal, quantas vezes você já proferiu algumas das frases a seguir?

- "Meu chefe é um porre."
- "O problema é meu cônjuge."
- "Fulano é o culpado de tudo isso."

Essas frases estão ligadas ao assunto sobre o qual falamos no começo do livro: a idolatria. Lembre-se: idolatria não é "adorar outro deus". Idolatria é abrir mão da responsabilidade.

Esse é exatamente o mesmo "pecado" que nossa Alma, dentro da consciência de Adão, cometeu no Paraíso.

Quando abrimos mão da responsabilidade e "culpamos" o outro, estamos fugindo da nossa Alma.

Primeiro passo: Assumir a responsabilidade

- Quem é responsável pelos "problemas" em sua vida?

Há alguns anos entrei em um projeto que tinha um potencial enorme de sucesso. Uma parceria bacana, equipe capacitada... Por muitos motivos, porém, o projeto deu muito errado, e eu estava no olho do furacão.

Na visão de uma pessoa, eu era o "culpado" por tudo. Na minha visão, o outro era "culpado".

Já consegue ver a situação, não é mesmo? Basicamente nós dois nos sentíamos vítimas, e não assumimos a responsabilidade.

Mesmo com todo o discernimento e todas as práticas, passei quase 2 meses "cego" para a real situação: eu não estava aprendendo a lição nem assumindo que também era responsável pelo que estava acontecendo.

Só percebi quanto estava cego quando comecei a explicar para minha esposa quanto o "outro" estava fazendo as coisas erradas, e o "outro" era burro, o "outro" não tinha ideia do que estava fazendo.

Quando percebi a consciência negativa em que havia caído, parei de falar imediatamente. Fui para o quarto e comecei a meditar em corrigir e assumir a responsabilidade por aquela situação.

Foi uma virada de chave enorme. Porque saí da condição de vítima, de culpar o "outro", e entrei na consciência da Alma.

O "outro" estava me mostrando exatamente onde eu precisava trabalhar. Literalmente, ele mostrou o pior de mim. Minha raiva, meu Ego, orgulho, ira, necessidade de autoafirmação e muitas outras nuances.

Naquele momento, passei a agradecer e a conscientemente transmutar o "outro" DENTRO de mim.

> Eu não posso mudar o outro, mas posso curar o "outro" dentro de mim.

Porque nós não estamos separados. O que vemos nas outras pessoas são reflexos do que existe dentro de nós. Sempre que alguém nos irrita ou incomoda em alguma situação, temos algo para corrigir dentro de nós. Seja marido, seja esposa, sejam filhos, amigos, chefes, colegas de trabalho e até mesmo pessoas no ônibus, no metrô ou no trânsito. O "outro" é um mestre que nos mostra onde precisamos fazer nossas correções.

Assumir a responsabilidade não é assumir a "culpa". Culpa é uma consciência de castigo, peso e aprisionamento. É uma reação aos acontecimentos, e nos coloca na posição de vítimas. Assumir a responsabilidade nos conecta com a consciência proativa da Alma.

E, ao assumir a responsabilidade de maneira consciente, temos a possibilidade de transmutar e curar as situações.

> **Reflexão:** Nos últimos dias, quantas vezes você culpou o "outro" pelos seus problemas e agiu como vítima?

Livre-arbítrio e escolha

- Qual é a essência do seu mundo?
- As escolhas que você faz são automáticas ou vêm da sua Alma?

Muitas pessoas, quando começam sua jornada pela espiritualidade, relatam que parece que a vida começa a virar de ponta-cabeça.

Ouço frequentemente que "a ignorância é uma bênção", mas essa é uma das maiores armadilhas que criamos. **Porque a ignorância gera a escravidão da consciência.**

Não é uma escravidão física, mas uma escravidão que não nos permite ser quem somos e nos afasta da nossa essência espiritual. É uma escravidão que nos limita e nos deixa presos na consciência de que o mundo é feito de sofrimento, o que não é real!

O mundo é feito de amor! O pensamento da Criação é Compartilhar Luz, Prazer, Amor Infinito com o Recipiente, ou seja, comigo, com você e toda a humanidade!

Se nos protegemos atrás de "a ignorância é uma bênção", estamos nos escravizando, e precisamos sair dessa prática. Por isso temos a responsabilidade de escolher o caminho que vamos seguir.

Falar de livre-arbítrio não significa escolher entre "tomar Coca--Cola ou um suco".

Livre-arbítrio, com a consciência da Alma, é, de maneira consciente, transformar o Mal em Bem.

Na dimensão do Recipiente, nós fizemos a escolha de criar essa realidade para aprender a transformar o Desejo de Receber apenas para nós mesmos em Desejo de Compartilhar.

Não é uma escolha entre bem e mal. Livre-arbítrio é escolher se manter no caminho do amor.

E, mais uma vez, isso não significa necessariamente uma ação física. É transformar dentro de nós a negatividade da situação com a qual nos deparamos em Bem. Esse é o nosso trabalho espiritual. Esse é o trabalho que precisamos fazer para voltar à dimensão do Paraíso.

Esse é o exercer do livre-arbítrio. É dessa forma que vamos conseguir sair do mundo do "conhecimento do bem e do mal" (que se tornou "confusão entre o bem e o mal") e entrar na frequência da Árvore da Vida.

Por que fenômenos como pandemias, incêndios, guerras, acontecem no mundo? Todas essas situações externas acontecem porque existem dentro de nós. Quanto mais briga, raiva, violência existir dentro de mim, mais isso refletirá no externo.

Lembro-me de que há alguns anos houve grandes queimadas em praticamente todos os continentes, uma calamidade para a natureza. Porém, aquelas queimadas eram "efeitos". As árvores estavam queimando porque o coração da humanidade também estava em chamas. Essa era a verdadeira causa espiritual daqueles efeitos.

Em 2022, quando começou a guerra entre Rússia e Ucrânia, o grupo de que eu participava na época se reuniu para fazer uma canalização de paz e amor para a região. Foi um trabalho muito intenso, mas naquela hora tive um momento de clareza enorme.

No mesmo quarteirão onde moro, um vizinho abriu um bar que avançava noite adentro com barulho e gritaria, o que me irritava profundamente. Havia semanas em que eu não dormia direito por conta do barulho, que me tirava o sono.

E naquele momento entendi o motivo da guerra. Como eu poderia enviar energia de paz e amor para aqueles países vizinhos se não estava em paz com meu vizinho?

Você começa a entender como é encarar a realidade com a visão da Alma?

Naquele momento, assumi a responsabilidade de pacificar minha relação com o vizinho.

Meditei por vários dias enviando energia de amor, cura e respeito — porque, se eu estava me sentindo desrespeitado, em algum nível eu estava faltando com o respeito com outras pessoas (conscientemente ou não), e isso estava refletindo fora de mim.

Quando senti que estava calmo, até fui cumprimentá-lo, e nem mencionei o fato de que o bar estava me incomodando — porque ele mesmo parou.

Nesse exemplo, em que me senti desrespeitado, não significa que eu estava faltando com o respeito diretamente com meu vizinho e estava vendo isso refletido.

De forma inconsciente, porém, eu posso ter desrespeitado várias pessoas... e eu estava passando por essa situação não como uma punição, mas como uma oportunidade de despertar essa consciência dentro de mim.

Comecei a me lembrar de várias situações na minha vida em que desrespeitei pessoas... às vezes, na época, eu nem percebia. Então comecei meu trabalho interno e assumi a responsabilidade por todas as vezes que faltei com respeito com alguém.

Como gosto de Ho'oponopono, também fiz a bênção "me perdoe, sinto muito, te amo e sou grato" com cada pessoa e cada situação de que consegui me recordar. Para as situações de que não tinha consciência, simplesmente comecei a emanar a consciência do amor e do Compartilhar respeito.

Veja que esse não foi um trabalho de "um dia"; é um trabalho constante. Moro em um prédio em que frequentemente há festas com som alto, e preciso trabalhar para transmutar a raiva e o incômodo em energia de amor.

E lembre-se sempre disto: eu não estou mudando o "outro"! **Estou mudando a minha dimensão de consciência, e faço a cura dentro de mim.**

Os sons altos continuam, mas isso me incomoda cada vez menos. Porque aquelas pessoas também estão se divertindo — e, na visão delas, não estão fazendo nada de errado. Transformar meu incômodo em "Compartilhar" me faz Receber a Luz do Respeito.

Não é algo físico, mas uma sensação de amor e conforto interno que me preenche... e inclusive reflete nas situações externas da minha vida. Nem sempre os "barulhos" diminuem, mas me sinto respeitado em várias outras situações.

Isso não é vitimismo ou passividade, é um constante trabalho de mudança interior. Quando necessário, também pode se manifestar em ações físicas.

Em certa época, virei "o vizinho chato que reclama de tudo" no condomínio. Assim que percebi que estava nessa energia, além do trabalho interior, comecei a conversar com o síndico para divulgarmos algumas mensagens de conscientização. Acontece que para isso eu precisava primeiro fazer o trabalho interno (curar o desrespeito em mim) para o externo refletir essa realidade.

E isso traz mais uma lição: antes de julgar alguém, calce os sapatos dessa pessoa.

Voltando ao vizinho com o bar, em plena pandemia ele passou por uma separação e fechou o negócio anterior. Naquele momento, o bar foi o único caminho que ele encontrou para começar a retomar a vida.

Precisamos tomar muito cuidado com o julgamento que fazemos dos outros. Eu tenho que fazer o trabalho de transmutar essa energia do "mal" em energia do bem dentro de mim.

Esse é o exercer consciente do livre-arbítrio, é a única saída que temos para sair da confusão.

E há uma notícia muito boa: todos esses momentos de clareza tendem a se apresentar cada vez mais quando estamos em contato com nossa Alma.

Você sente que os conflitos têm aumentado em sua vida? Parece que o tempo todo tem uma provação, um desafio novo acontecendo, te pressionando, pressionando sua família, amigos, colegas de trabalho, o mundo inteiro? Esse é o despertar espiritual chamando.

Os desafios e "problemas" são chamados da Alma para acordarmos. É a Luz querendo entrar no Recipiente.

Se o Recipiente não está preparado, a Luz não entra, mas fica continuamente exercendo pressão, pressão, pressão.

Se não escolhermos o caminho do despertar espiritual agora, se não escolhermos transmutar de forma consciente o mal em bem, a Luz continuará exercendo mais pressão, até o momento que não teremos mais escolha. Ou seguimos o caminho da Alma, do Compartilhar, da responsabilidade e do amor, ou poderemos nos deparar até mesmo com a aniquilação da humanidade.

Por isso, nosso trabalho espiritual deve ser feito agora, assumindo a responsabilidade e a consciência da cocriação da realidade.

Os "problemas" e empecilhos em nossa vida não surgem para nos provar. É a própria Alma dizendo que o caminho que estamos seguindo precisa ser ajustado. É nosso papel ouvir isso, perceber e, de maneira consciente, fazer a transmutação do mal em bem.

> **Reflexão:** Quantas vezes você julgou alguém sem considerar o ponto de vista e a história dessa pessoa?
>
> Quantos "problemas" na sua vida podem ser um chamado da sua Alma mostrando que algo precisa ser ajustado?

Quando fazemos uma faxina, começamos por tirar tudo do lugar

- Quantas bênçãos você já teve na vida e não percebeu?
- Será que você está na frequência do Paraíso?

Nesses anos em que estudo e facilito estudos de espiritualidade, já vi e passei por diversas situações. Porque, quando começamos a olhar para nós mesmos e todas as situações de nossa vida com esse "novo" olhar, pode parecer que tudo vira uma grande bagunça.

Términos de relacionamentos, mudanças no trabalho, situações na família... não sei quantas vezes já ouvi a pergunta "E agora, o que eu faço?".

Muitas vezes falo aberta e diretamente: "Que bênção!", e abro um grande sorriso junto.

Alguns demoram para entender o motivo de eu falar isso, mas é muito simples. Se, por exemplo, você estava em um emprego de que não gostava, que não o fazia se sentir realizado, que te limitava, ou tinha "n" problemas, e agora não está mais nele, você tem a grande oportunidade de fazer o que quiser!

Você pode ser quem você é!

Falando especificamente das possibilidades de relações de trabalho, hoje há um mar de possibilidades do que você pode "fazer".

É nesses momentos de ruptura que podemos descobrir quem realmente somos e escolher assumir nossa identidade, quebrando todas as cascas e barreiras que criamos ao longo da vida!

Quantos relacionamentos não nos fazem bem? Quando terminam, é uma verdadeira bênção!

Lógico, é preciso aprender as lições e fazer o trabalho interno para que a situação não se repita, mas é uma grande bênção!

Até mesmo escrever este livro é uma ruptura enorme para mim, porque minha "identidade externa" é de "marqueteiro", de "consultor de negócios". Essas coisas que "faço" são parte integrante de mim, elas me permitiram chegar onde estou... mas essas habilidades não são quem eu realmente sou.

Minha essência, o meu ser, é a espiritualidade, e fazer essa "ponte" ligando nossas necessidades físicas de trabalho e sustento à consciência espiritual, esse "link", é parte de minha missão.

No entanto, isso não aconteceria sem passar por crises (precisei fechar alguns braços do meu negócio), e meditar de maneira consciente sobre quem realmente sou e qual é minha missão.

Tudo, absolutamente tudo, começa por olhar para dentro de nós.

E, meu amigo, minha amiga... olhar para dentro de si pode doer. Porque começamos a ver todos aqueles traços de personalidade que não enxergávamos, e até alguns que escondíamos de nós mesmos.

Posso falar da minha própria jornada. Algumas pessoas dizem que meu tom de voz é calmo, doce, "fofo", mas sempre respondo que tudo isso é *fake*. Porque dentro de mim há uma raiva, uma ira feroz e até cruel, como se o Hulk morasse aqui dentro.

Essa raiva, contudo, não é negada ou escondida para que eu tenha uma "vida falsa", de aparência. Não nego a raiva. Não nego a ira. Não nego a crueldade que existe em mim.

Eu aceito e acolho tudo isso dentro de mim, trabalhando ativamente para transformar a "raiva" em "amor".

Há uma frase na Bíblia, em Deuteronômio 6:5, que diz: "Amarás o SENHOR de todo o teu coração, e de toda a tua alma, e todas as suas posses." Em hebraico, a frase final é "e com todo o seu *meod*". "Meod" significa "muito"... E o que isso quer dizer?

Amar a Consciência Divina com todo o seu *meod* significa reconhecer, perante a Consciência Divina (sua Alma e a consciência de Deus/do Recipiente — que também somos nós), TODO o nosso ser.

> Outra forma de dizer isso é: "Você amará o Eterno com todo o seu amor e com toda a sua má inclinação."

Porque eu sou a má inclinação. Eu sou o Ego. Eu sou o Satan, eu sou a serpente. Eu sou a raiva, a ira, o apego, o ciúme. E, se eu não amar e aceitar minha sombra, quem eu sou e onde estou (afastado da Luz), não vou poder Receber a Luz da Alma.

Esse reconhecimento não é uma aceitação passiva. Não é para assumir uma atitude "deixa a vida me levar", "nasci assim", ou "a culpa é das estrelas".

Ao reconhecer e acolher nossa sombra, nossos desejos mais sombrios e ocultos, nós escolhemos fazer as pazes. Escolhemos transmutar as negatividades que nos aprisionam em salvadores.

Reconhecendo a raiva, eu aceito. Respiro profundamente, e escolho transmutar.

Quando surge uma situação em que me irrito (o que acontece com frequência), não me culpo ou me martirizo pelo que aconteceu.

Eu aceito que sou um ser fazendo meu trabalho espiritual. Em vez de continuar irritado culpando o "outro", aceito que posso continuar sentindo raiva, mas assumo a responsabilidade.

Medito em assumir a responsabilidade e a transmutar e curar dentro de mim tudo que está ligado àquela situação.

Alio isso a práticas de respiração, meditação... Procurar falar de forma mais "doce" é como um exercício consciente para transmutar a raiva.

Muitas vezes, quando falo de maneira mais branda, estou trabalhando ativamente para não cair na consciência negativa da ira desenfreada. Não nego minha natureza, mas a transmuto, com a intenção consciente de emanar Paz.

Muitas e muitas vezes me pego pensando: *Sério que estou me irritando com isso?*

Mas eu aceito, sinto todas essas emoções, sinto essa consciência da "serpente", e medito para transformar aquela situação em uma cura e uma libertação espiritual (transformando a serpente em Messias).

A serpente não nos "desafia" para nos prejudicar. Ela pergunta qual o nosso nível de consciência.

E não se engane... ainda passo por MUITAS situações que me tiram do sério, e também tenho alguns hábitos e inclinações que exigem grande trabalho e esforço da minha parte.

É esse, entretanto, o trabalho quando interagimos com a negatividade. Um "santo" não interage com a negatividade. Se resistimos e transmutamos inclinações negativas em positivas, manifestamos uma Luz enorme nesse momento.

Então como podemos lidar com os percalços do dia a dia, quando surgem situações desafiadoras como discussões e conflitos?

Em alguns dias, passo horas rezando (orações como "Ana Bekoach", "Meditar nos 72 Nomes Sagrados", entre outras, ajudam bastante).

Muitas vezes, de noite, já deitado para dormir, quando alguma situação fica "martelando" na cabeça e me tira o sono, também faço orações e medito com a intenção de dissipar a carga negativa daquela situação e transformá-la em Luz (no fim do livro há um link pelo qual você pode conhecer algumas dessas orações e meditações).

Mas por que esse esforço? Por que ficar horas fazendo esse trabalho? Porque é assim que consigo forças para me corrigir e assumir uma consciência proativa.

Quem realiza a própria correção é mais elevado do que uma pessoa justa!

Apenas a humanidade é capaz de curar a consciência do Pão da Vergonha. Nós temos essa responsabilidade para Receber a Luz Infinita, de forma "individual" (minha própria Alma) e coletiva (no nível do Recipiente e da Inteligência Espiritual chamada Elohim).

E apenas quando assumimos quem somos e trabalhamos ativamente pela nossa cura e transmutação conseguimos cumprir essa missão.

Não se envergonhe. Aceite olhar para dentro de si mesmo e escolha de maneira consciente fazer essa transmutação. Porque esse é o caminho para salvarmos o mundo.

Mas nosso trabalho não é salvar o mundo *inteiro*.

Meu trabalho é salvar o *meu* mundo.

Quando consigo curar meu mundo, automaticamente estou refletindo a cura no planeta inteiro. Minha responsabilidade primordial é realizar minha cura, curar meu mundo primeiro.

Imagine como seria o mundo se todos fizessem esse trabalho de curar o próprio mundo.

O Paraíso não é uma dimensão fora, mas uma dimensão de consciência.

Uma vez, em um almoço de família, passamos a tarde inteira sentados praticamente nos mesmos lugares à mesa, e conversando mais ou menos com os familiares mais próximos.

Assim que o almoço terminou, me senti maravilhado porque todos com quem conversei estavam falando de coisas boas (mesmo as situações difíceis estavam sendo olhadas pelo ângulo do aprendizado).

Mas minha esposa, ao meu lado o tempo inteiro, conversando com as mesmas pessoas, acessou uma dimensão completamente diferente, e só tinha relatos de brigas e problemas. Até hoje brincamos um com o outro que estávamos em dois almoços completamente diferentes!

Esse é um exemplo de como nosso mundo interno reflete o externo. Sim, estamos no mundo da dualidade, existem coisas ruins. A correção espiritual é do "Bem" E do "Mal", e não do "Bem" OU do "Mal". **Precisamos corrigir o mal e fazer o bem.**

Conforme fazemos nosso trabalho, cada vez mais transmutamos nosso mundo interior, e isso se reflete no externo.

Hoje, não tenho mais a necessidade de pegar metrô todos os dias, mas sempre procurei fazer o melhor possível para até mesmo isso ser um momento de Luz.

Lembro-me de um dia em que entrei no metrô e todos ao meu redor estavam de cara feia, cansados, estressados... Há uma oração de que gosto muito, chamada "Ana Bekoach", e comecei a entoá-la (mas de forma que ninguém conseguiria escutar). Fechei os olhos por alguns minutos fazendo a oração, e quando os abri de novo a cena parecia mágica. Vi algo como se fosse uma pequena névoa de Luz no vagão, e as mesmas pessoas ao meu redor, antes com a aparência irritada, estavam com as feições mais leves.

Agora imagine quanto podemos influenciar o mundo inteiro se mais pessoas entram na mesma vibração de amor.

Este é o trabalho: a todo tempo discernir as situações e de maneira consciente transformar o Mal em Bem, freando o julgamento severo sobre as pessoas e as situações.

A consciência da Alma pede por misericórdia para as outras pessoas, e julgamento para si. Porque o julgamento não é punição, é um chamado para nosso despertar espiritual.

É minha responsabilidade carregar meu fardo. Podemos, sim, auxiliar outras pessoas quando elas precisarem, mas isso não significa assumir o fardo delas.

Cada um tem um motivo para estar aqui neste mundo, cada um de nós tem um papel a desempenhar na correção espiritual da humanidade e do Recipiente. Mas o trabalho começa primeiro na cura do meu mundo interno. E apenas depois disso nossa Alma naturalmente nos conduzirá para realizar uma missão maior.

> **Reflexão:** Qual é o seu *meod*?
>
> Quais aspectos da sua personalidade são "negativos"? Faça uma lista dos seus comportamentos. Aceite-os como parte de você.
>
> Estabeleça um compromisso interno de assumir seu trabalho e missão espiritual, para corrigir o mal que há em você e transformá-lo em bem.

> Se quiser, ao lado de cada item dessa "lista", coloque um aspecto positivo, algo que você gostaria de corrigir. Por exemplo: "Raiva — aceito a raiva, e a partir de hoje a transmuto em paz."
> Nas meditações diárias, você pode relembrar esses aspectos e meditar na correção.

O maior mestre que vai nos guiar exatamente no passo a passo para nossa "iluminação"

- Quem é seu mestre?

E então... como salvo o "meu mundo"? Como encontro as correções que preciso fazer?

A resposta é simples: veja as situações na sua vida que parecem não estar indo bem. Perceba os momentos em que você diz que "o outro" é culpado e assuma a responsabilidade pelo que está acontecendo.

Há um ensinamento budista no qual um discípulo pergunta: "Mestre, como faço para curar o outro?" E o mestre responde: **"Não existe o outro."**

Tudo — todas as situações, todas as pessoas, todas as Almas, todo o Universo — está dentro de nós.

Temos que encontrar e experienciar o outro dentro de nós.

Quando queremos entrar em contato com Moisés, Buda, Jesus, nossa Alma, e até mesmo com Deus, não devemos procurá-los fora, mas dentro. Encontre Moisés dentro de você. Encontre Buda. Encontre Jesus. Encontre sua Alma. Encontre a Consciência Divina do Recipiente dentro de você, saia da ilusão de um "Deus" fora de você. Sinta-os e os experiencie dentro de você, que é onde essas consciências estão.

> ### Meditação: Encontre o "outro" dentro de você
>
> - Respire profundamente e faça o preparo para a meditação (veja a seção "Convite à Meditação").
> - Mentalize um guia ou mestre dentro de você e continue respirando, procurando por essa consciência dentro de si.
> - Respire profundamente para fazer esse encontro e chame a consciência desse mestre dentro de você.
> - Sinta a paz e o amor que esses mestres trazem e sinta-os como parte integrante de você.
> - Se há um conflito, situação ou problema, não procure fora.
> - Respire e encontre as pessoas e as situações em você.
> - Continue respirando e vá envolvendo tudo com uma grande Luz.
> - Continue respirando... Mentalize a energia de cura (e você pode visualizar as letras hebraicas emanando sobre a situação).
> - A respiração doce e suave auxilia a transmutar e quebrar a raiva, a dor, o julgamento severo.
> - Envolva as situações e as pessoas com amor e paz.
> - Lembre-se de que você não está assumindo a "culpa". Você está assumindo a responsabilidade de criar a cura.
> - De maneira consciente, você está escolhendo fazer a transmutação do mal em bem.
> - Essa transmutação e essa cura ocorrem DENTRO de você. Encontre e sinta essa paz dentro de si... e agradeça.

Se depois desse exercício você experimentou uma sensação de paz, isso significa que está começando a estabelecer contato com a sua Alma.

E você pode fazer isso várias vezes, com as mesmas pessoas em mente se precisar, porque esse é o grande jogo da vida.

Amo minha família, mas muitas vezes ocorrem situações em casa que me incomodam. Em vez de simplesmente criticar e falar mal "dos outros", medito ativamente em transmutar o que me incomodou dentro de mim.

Porque toda raiva e irritação geram cascas — como a casca de uma fruta "escondendo" o interior. Quanto mais cascas criamos, mais nos afastamos da nossa essência, de quem nós realmente somos.

Então, vamos nos permitir quebrar todas essas cascas e assumir a responsabilidade de sermos quem nós somos: **seres criados para Receber a Luz!**

4

Quebrando as cascas

Imagine que você discutiu com alguém da família, ou que enfrentou uma situação no trabalho. Você se irrita, pode elevar a voz, a adrenalina corre pelo corpo e você pode se sentir "o máximo" ao "ganhar" a discussão.

Uma lâmpada incandescente gera o maior pico de luminosidade exatamente no momento em que queima. Em uma situação de raiva e discussão está acontecendo a mesma coisa. Geramos um pico de energia, uma pequena explosão de Luz. A adrenalina sobe e chegamos a ter uma pequena sensação de prazer.

Mas isso gera um curto-circuito. É um prazer temporário. Em seguida nos sentimos vazios, densos, e ficamos carregando aquela discussão por horas em nossa mente, às vezes até por dias ou anos.

Nossa essência é Receber o Prazer Espiritual Infinito emanado pela Luz. É isso o que desejamos.

Quando não nos sentimos preenchidos por esse prazer espiritual, surge o desejo quase insaciável pelo prazer físico, que pode refletir em desejos sexuais ou por comida ou até por drogas, ou, ainda, em situações como essa em que estamos sempre "brigando" para sentir a adrenalina e um prazer temporário.

Esses são os curtos-circuitos pelos quais precisamos iniciar o processo de cura e retirada dessas cascas.

Correções, dívida e karma

- O que não está indo bem na sua vida?
- Você tem o Desejo de corrigir isso?
- Quais ciclos estão se repetindo em sua vida?

Lembro-me de uma vez em que acordei mais cedo, peguei meu livro de orações e passei 3 horas rezando. Naquele dia, estava me sentindo especialmente iluminado e abençoado. Saí de casa acreditando que era um "santo" e manteria aquela frequência de Luz, paz e amor o dia inteiro.

Assim que passei pela portaria do prédio, a primeira coisa que fiz foi xingar e reclamar por ter batido o braço no portão e tropeçado na calçada.

Vi na hora que todo o trabalho que eu havia feito ainda não "entrara" em mim. Lógico, o esforço me auxiliou a gerar um momento de clareza mental, mas me lembrei de uma lição muito importante: é fácil meditar e ser o ser mais pacífico do mundo em um local isolado. **Mas é só na interação humana que realmente entendemos qual é o nosso verdadeiro nível de discernimento espiritual.**

É nosso trabalho diário estarmos atentos aos nossos padrões de comportamento e também de pensamentos.

Todos os dias nós seremos "provados" pela serpente (ou pelo Ego), não porque ela seja ruim, mas porque quer se certificar de que estamos preparados para acessar a dimensão da Alma e do Paraíso.

> Lembre-se: errar é humano. Fazer escolhas erradas faz parte do nosso processo de aprendizado. Não querer se corrigir é o verdadeiro pecado.

Para realizar nosso processo, precisamos limpar a bagunça do passado.

Pecado é fazer mal para a nossa própria Alma. É continuamente nos afastarmos de nossa essência e criarmos cada vez mais cascas.

Na Bíblia, quando Deus/Elohim entra no Jardim do Éden e pergunta onde Adão está após ter comido o fruto do conhecimento do bem e do mal, ele foge. Ele não assume a responsabilidade.

Preste atenção a isto: não foi "Deus" quem disse que Adão pecou por ter comido do fruto do conhecimento do bem e do mal. Foi a própria consciência de Adão que criou o pecado em si.

"Adão" é um código de uma consciência que une todas as nossas Almas em uma só. Então todos nós, nesse nível cósmico, nos escondemos e fugimos da responsabilidade pelos nossos atos.

Esse curto-circuito cósmico gerou a quebra e a separação da nossa consciência em uma visão fragmentada, na qual vemos o outro como um ser separado.

Se alguém está te irritando, assuma a responsabilidade por isso. Porque essa pessoa está mostrando algo que você precisa corrigir em sua essência. Se negamos a oportunidade de nos corrigir, se continuamos fugindo da responsabilidade, continuamos a pecar! Isso nos desvia da nossa missão e essência.

Essa é a real causa dos problemas da nossa vida!

Ao assumirmos a responsabilidade e, de forma consciente, começarmos a nos corrigir... temos as portas do Paraíso abertas para nós.

Eu sei muito bem que esse processo pode ser doloroso. Porque frequentemente precisamos assumir que estamos errados, e com isso nosso Ego vaidoso fica perturbado. Por isso, para algumas pessoas em algumas situações, é tão difícil se desculpar.

Isso não significa que temos que sair nos desculpando por tudo e com todos, e nos fazendo de santos, com uma consciência de vítima, ou para "mostrar que somos bonzinhos".

O primeiro passo para o retorno é uma correção e um ajuste INTERNO. O interior é mais importante, porque os atos físicos que virão depois já serão conduzidos por uma consciência corrigida.

Em hebraico, a palavra para correção é *Tikun*, e muitos estudantes perguntam: "Mas como eu posso saber o meu *Tikun*?" (Em outras palavras, como saber o que preciso corrigir em minha vida?)

A minha resposta quase sempre é: "Olhe para o que está errado na sua vida. Veja onde há conflitos, problemas, o que ou quem te incomoda. Esse é o seu primeiro *Tikun*."

Estamos falando de uma conexão direta com nossa Alma. Você não precisa sair por aí "fazendo" coisas, porque o "fazer" é uma consciência do corpo... **e queremos que nossa Alma conduza o corpo.**

Quando começamos a entrar nessa frequência, nossa Alma começa a se aproximar, a "entrar" em nós, e começamos a ser guiados para o processo de correção.

Não precisamos "fazer" nada. É uma questão de consciência, na qual as próprias situações se apresentam para ver se completamos nosso processo de correção.

Se você vive se irritando no trânsito e faz um trabalho de cura para isso, no dia seguinte é possível que o trânsito esteja "um inferno" para você ver se realmente está curado.

Nesse processo, não estamos curando "o outro". Estamos nos curando. Estamos curando, dentro de nós, a situação e as pessoas envolvidas. Estamos assumindo a responsabilidade por curar e salvar nosso próprio mundo.

Quando falamos de amor incondicional, não significa que devemos sair abraçando todas as pessoas e praticando atos de caridade (por mais que fazer isso realmente seja positivo. E há uma consciência para esses atos).

O mais importante é a consciência.

Se alguém fez ou falou algo que nos desagradou, se fez algo errado, nós não amamos o "ato" dessa pessoa. Mas continuamos amando incondicionalmente a pessoa. Podemos até mesmo escolher não conviver mais com ela, mas ela ainda merece ser amada.

Há uma grande diferença entre a consciência do amor incondicional e a do "amor limitado".

Mesmo em situações catastróficas, como guerras ou calamidades da natureza, existe uma correção no nível da Alma coletiva daquele povo.

O tempo todo temos a oportunidade de acessar conscientemente essa dimensão espiritual e fazer nossa parte.

As situações que ocorrem em nossa vida já são de certa forma pré-planejadas no nível da Alma. Até mesmo situações que infelizmente com frequência são notícias, nas quais pais ou parentes fazem grande mal aos filhos, por exemplo, são situações que nós precisamos corrigir no nível da Alma.

Nós mesmos tomamos decisões "inconscientes" (mas conscientes no nível espiritual) de passar por situações que nos levarão ao nosso desenvolvimento espiritual nesta dimensão.

Cada situação é planejada para aprendermos o "jogo do Compartilhar".

Mas por que isso se torna tão duro e penoso? Será que isso é um plano sem chance de mudança? Porque, antes de a Alma encarnar, há um "acordo" entre as Almas... Por exemplo, para a Alma que vai encarnar em uma criança que pode sofrer algum tipo de abuso é perguntado: "Olhe, se seus pais não conseguirem fazer suas correções antes de você chegar, pode ser que você passe por uma situação física muito ruim. Você aceita esse fardo para realizar sua missão e correção?" E, sim, na dimensão espiritual, a Alma aceita passar por essas situações para poder se corrigir.

Todos esses acontecimentos físicos são "efeitos" de decisões tomadas antes.

Quando entramos na dimensão da Alma, conseguimos entrar também na dimensão da causa e alterar nosso destino. Não precisamos passar por todo esse sofrimento.

No entanto, nós esquecemos de todo esse preparo. Nós perdemos a conexão com a Alma, perdemos a lembrança do Paraíso. Então, como estamos no ponto mais afastado da Luz, com o maior desejo de receber, geramos curtos-circuitos, e esquecemos por que estamos aqui.

Precisamos recobrar a memória do Paraíso para despertar o Anseio da Alma, que nos guiará de volta a essa realidade e dimensão de consciência.

Para isso, porém, precisamos de um despertar "de baixo para cima"; precisamos despertar nosso Desejo de nos corrigir.

Porque, dessa forma, você ativa o desejo original do Recipiente dentro de si mesmo, que deseja Receber a Luz do Infinito com todo o Prazer Espiritual Infinito, e não o prazer, a prosperidade e a saúde temporárias da dimensão da matéria.

Dessa forma, saímos do "tempo linear" e entramos no "tempo vertical", no qual podemos interagir com a semente, com a causa, e nos curar e libertar de tudo aquilo que nos aprisiona na matéria. **Podemos acessar a dimensão do "futuro" (onde já nos corrigimos) e manifestá-la no presente.**

A visão e a consciência da Alma estão em uma dimensão espiritual mais ampla do que a visão da separação.

Sim, atos negativos devem ser repreendidos. Mas todo ato, toda situação, é uma oportunidade e necessidade de se fazer uma correção, por mais que no momento nós possamos sofrer.

Em vários estudos espirituais contemporâneos, é muito comum as menções de "dívida" e "karma", e isso se confunde com o conceito de *Tikun* e correções. *Tikun* é tudo que devemos corrigir em vida.

Por exemplo, se eu roubo o dinheiro de alguém e não corrijo esse ato, posso sofrer as consequências (ser preso, ou ser roubado). Esse ciclo de repetição (roubar — ser roubado — roubar — ser roubado) é o que precisamos quebrar em todas as áreas da nossa vida! Por isso precisamos atuar na causa, no nível da semente.

Se fugimos da responsabilidade de fazer nossa correção, podemos criar uma dívida que é levada por várias vidas.

Em nossa vida atual, carregamos um pouco da "dívida" de correções não realizadas em vidas anteriores, e isso se apresenta na forma de desafios. A boa notícia é que também podemos, conscientemente, fazer a correção e "pagar" essas dívidas.

Muitas pessoas entendem o conceito de "karma" como uma punição. O karma nada mais é que ação e reação. Uma ação negativa gera reações negativas. Uma ação positiva gera reações positivas.

Todos os processos em nossa vida são consequências de nossas ações. Problemas financeiros, amorosos e até mesmo de saúde são efeitos. A causa, o que causou isso, está em uma ação anterior.

Então por que parece que algumas pessoas que fazem tudo errado sempre se dão bem? E por que não sabemos quais ações nossas geraram efeitos e reações negativas?

Porque existe o Tempo.

O Tempo é o que separa uma causa de um efeito, por isso não conseguimos entender o porquê de algumas situações. Pode levar anos para uma consequência negativa se manifestar.

O tempo também é uma expressão de misericórdia, para podermos corrigir nossas ações negativas (e não sofrer o efeito negativo imediato).

A dimensão espiritual, a dimensão da Alma, quer sair da consciência do tempo linear, que fica presa nesse ciclo de causa e efeito, ação e reação.

A dimensão da Alma é para sairmos do tempo linear e entrar no "Tempo Vertical". Em vez de lidarmos com "ontem", "hoje" e "amanhã", elevamos nossa consciência para a dimensão espiritual — a dimensão da causa.

No "tempo linear", se "ontem" praticamos uma ação negativa, com a consciência da Alma podemos nos elevar além do tempo e do espaço e curar essa situação no nível espiritual, no nível da semente, no nível potencial.

Esse é o processo de quebra de cascas e das correções. Pouco a pouco vamos nos "descascando" e atuando na dimensão do espírito. Assim nos tornamos cocriadores da nossa realidade.

Em vez de sermos levados por "efeitos", passamos a escolher como atuar em nossa vida. Nos tornamos protagonistas.

E, conforme fazemos nosso processo consciente, continuamos nos elevando e refinando até nos tornarmos os roteiristas e diretores em nossa vida.

Meditação: Realizar as correções

- Respire profundamente e faça o preparo para a meditação.
- Sentindo o contato com sua Alma, mentalize: *Quero realizar o meu* Tikun.

- Não se preocupe com "o que" precisa ser feito. Crie o Desejo para corrigir, e sua Alma o guiará para o que é necessário.
- Se há uma situação específica pela qual você está passando, visualize essa situação e traga-a para o seu consciente.
- Visualize uma situação que o incomoda e comece a enviar energia de Luz. Veja essa situação como uma oportunidade para você crescer e se iluminar.
- Medite em assumir a responsabilidade pela situação e, de forma consciente, diga: **"Quero realizar o meu *Tikun*, quero fazer minha correção."**
- Se você sente muita raiva ou tristeza ao visualizar essa situação, mude essa frequência. Comece conscientemente a emanar a energia e a vibração do Amor.
- Mesmo que alguém o tenha ferido muito, essa pessoa também merece Amor.
- É essa consciência do Amor que nos aproxima da consciência da Luz... que começa a limpar e a retirar todas as cascas, pouco a pouco, até conseguirmos uma transformação completa.

Onde você está?

- Quais palavras saem da sua boca?
- Você está fugindo de Elohim no Paraíso ou está pronto para assumir sua responsabilidade?

Precisamos sempre nos lembrar de que nosso trabalho é constante e diário. A cada passo que damos, temos mais clareza. Toda situação desafiadora contém uma lição a ser aprendida, algo para ser corrigido dentro de nós.

É como se fosse um videogame, no qual vamos "passando de fase", e de tempos em tempos temos um "chefão" para enfrentar. Esse chefão é a serpente nos perguntando se aprendemos todas as lições e estamos prontos para avançar.

Se assumimos de forma consciente realizar nossa missão espiritual e queremos realizar nosso *Tikun*, vamos continuar passando pelas "fases do jogo"... Mas estaremos muito mais fortes, e recebendo todo o apoio e amparo de que precisamos. Vamos ter tudo de que necessitamos em nossa vida para realizar e cumprir esse propósito.

Temos que, de forma consciente, assumir a responsabilidade por transmutar e realizar todas essas correções.

E se você está pensando *Como saber em que nível estou?*, é bem simples: preste atenção às suas palavras. Você fala muito em "culpa"? "Eu sou culpado", "Fulano é culpado"? A dimensão da culpa ainda é uma consciência aprisionadora. A dimensão da responsabilidade é uma consciência libertadora.

Você vê "problemas" em tudo? Você vê que o mundo é um lugar ruim em que só coisas ruins acontecem? Então esse é o nível de consciência em que você está.

E o convite que faço é exatamente o de começar a transmutar esse ponto de vista e essas palavras, trazendo essa consciência espiritual proativa para sua vida.

Mergulhe na escuridão

- Onde está a escuridão dentro de você?
- Você ama o Divino com todo o seu *meod* (com tudo, inclusive a má inclinação)?
- "Quem" é o Ego? "Quem" é a serpente? "Quem" é a Luz?

Mas como entramos nessa dimensão da correção? Como podemos de fato mergulhar em nosso ser para fazer as correções espirituais de que precisamos? Para fazermos isso, para mergulhar dentro de nosso ser, precisamos mergulhar na escuridão.

Como assim?

Lembra-se de quando contei que o Recipiente fez a Contração e se afastou da Luz? Dentro do Recipiente foram criados diversos níveis, até chegar ao nível mais distante: o mundo físico. Este nosso mundo, esta nossa dimensão, é a realidade mais afastada da Luz Infinita.

O que isso gera dentro do Recipiente? A sensação de Vazio, da Falta de Luz. A Luz não deixou de existir, mas a consciência do Recipiente limitou quanta Luz "entra" nele.

O primeiro passo para Receber a Luz é aceitar que estamos na escuridão. Porque estamos afastados dessa consciência plena. A partir do momento em que aceitamos o fato de que estamos na escuridão, distantes da Luz, podemos começar a sentir o Desejo, o Anseio por Receber a Luz novamente.

Quando a Alma desperta esse Anseio, o corpo começa a querer "puxar" a Luz. É esse Anseio pela Luz que auxilia no processo que resulta em a nossa Alma "encarnar" dentro de nós.

Para essa jornada, precisamos olhar dentro de nós mesmos. Precisamos parar de ter medo de olhar para nossa sombra.

Esse processo pode parecer assustador... porque estamos tão acostumados a olhar para fora, a sempre culpar os outros pelos problemas em nossa vida, que, quando temos que olhar para nós, ficamos assustados e com medo do que vamos encontrar.

Precisamos ACEITAR que estamos nessa escuridão e que somos os responsáveis por todas as situações em nossa vida, tanto as boas quanto as ruins.

Temos que olhar para cada aspecto de nossa consciência, de nossa personalidade, das situações que passamos na vida... e, a cada situação, aceitar que nós somos tudo isso.

Lembra-se da palavra *meod*, pela qual devemos amar a Consciência Divina com "tudo"?

Devemos amar a Consciência Divina com tudo que nós somos. Inclusive com nossos aspectos negativos.

Todos os aspectos negativos em nós e em nossa consciência também fazem parte da Consciência Divina, fazem parte do Recipiente que ainda não está corrigido!

Se negamos a nossa má inclinação, não aceitamos qual é o nosso papel na Criação!

O Ego, a serpente, a má inclinação... tudo isso está dentro de mim. E devo amar a Consciência Divina (interna e externa) com tudo, inclusive com todos os meus aspectos negativos, ACEITANDO QUEM EU SOU para poder fazer a correção.

Quando abraçamos nossa sombra, reconhecendo todos os nossos aspectos negativos, estamos dando o primeiro passo para retornar à Luz.

O "Ego negativo" faz parte de nós. É como uma criança que precisa ser acolhida, porque, quando saímos da dimensão espiritual para a dimensão física, o "Ego divino" também passou pelo curto-circuito e passou pela fragmentação.

Ao acolher o Ego, nós podemos ILUMINAR O EGO.

Há várias linhas e filosofias que dizem que devemos "eliminar o Ego". Na verdade, devemos iluminá-lo.

Quando falamos da "serpente", estamos falando desse Ego negativo, do Desejo de Receber egoísta que causa curto-circuito. Contudo, quando aceitamos, amamos e acolhemos nosso lado negativo, nossa má inclinação, nosso *meod*, fazemos a transmutação da serpente em Messias.

Essa é a verdadeira energia da salvação, não como um ser externo, mas como uma autossalvação.

Meditação: Mergulhe na escuridão

- Respire profundamente e faça a preparação habitual para entrar em contato com a sua Alma.
- Agora, olhe para dentro de si. Mergulhe na escuridão da sua essência, na escuridão da sua Alma.
- Abrace a escuridão. Abrace cada aspecto do seu ser que é considerado "negativo". Não negue sua sombra. Acolha-a.
- De maneira consciente, para cada um desses aspectos negativos emane a energia de Luz, de cura (as letras hebraicas sugeridas auxiliam nesse processo).
- Aceite que você é um ser criado para Receber a Luz, e que neste momento você está afastado. Desperte o Desejo da sua Alma de retornar à Luz, de retornar ao Paraíso.
- Sinta esse despertar dentro de você.

Uma viagem pelo Deserto

- Você ainda está escravizado?
- Por que clamam a mim?
- É possível transmutar o anjo da morte em anjo da vida?

Antes de estudar a *Kabbalah*, a Bíblia sempre foi um livro enigmático, e entrei em discussões intermináveis sobre o que estava escrito nele.

A confusão que existe em torno desse livro é enorme, porque perdemos as chaves que abrem o entendimento espiritual dele. Se lemos o texto apenas fazendo uma interpretação literal, ele não faz sentido.

Segundo a *Kabbalah*, ler a Bíblia, ler a Torá, é muito perigoso. Porque se ficamos presos na interpretação literal do texto, não nos conectamos com a essência espiritual.

No evento da revelação da Torá no Monte Sinai, também acontece o pecado do Bezerro de Ouro (quando o povo não aguenta esperar Moisés retornar e cria um bezerro para idolatrar). Por causa desse episódio, nossa consciência contaminou a revelação de toda a Luz que estava sendo revelada naquele momento.

A Bíblia, a Torá "física", ficou contaminada. Por isso surgiram tantos horrores ao longo da história por conta das religiões. Existem 4 níveis de interpretação desse texto. O primeiro é o literal, e também temos os níveis simbólicos, as explicações e o nível do segredo.

O papel da *Kabbalah* é penetrar no nível do segredo, na essência espiritual original do Conhecimento que foi transmitido a Adão e Eva no Paraíso.

Além disso, a Torá não pertence aos "judeus", ela fala do Povo de Israel. Israel é um código que representa todos os que estão em busca de sua jornada de evolução espiritual.

Israel, em hebraico, é um código que pode ser lido como *Li Rosh* ("tenho uma cabeça" ou "quem tem uma cabeça"). Essa "cabeça" é a conexão com a Luz Infinita, com a Coroa (*Kether*, em hebraico).

Todas as pessoas que buscam a evolução espiritual, que buscam se reconectar com sua sua Alma e com a Consciência Divina em sua forma mais pura, são Israel.

A Bíblia é um livro que descreve a jornada de transformação da Alma.

No estudo tradicional de *Kabbalah*, estuda-se principalmente a Torá (os 5 livros de Moisés) com o Zohar, e há diversas outras linhas de estudo modernas que se ampliam para outras vertentes menos tradicionais (como "*Kabbalah* Cristã", "Hermética" etc.).

Não vou entrar no mérito dessas diferenças porque seria criar uma confusão desnecessária. Na minha vivência e experiência, simplesmente comecei a sentir que essas interpretações estavam desconectadas da semente espiritual, mesmo tendo méritos (e também aprendi muito com elas).

Para a explicação que darei aqui, a base é o ensino de *Kabbalah* puro, direto da fonte, que venho recebendo, principalmente, por intermédio do rabino Joseph Saltoun e de diversos outros professores que acompanho nessa jornada.

Neste capítulo, vou falar especificamente sobre o livro Êxodo, que em hebraico é *Shemot* (Nomes).

Para mim, esse é o livro mais fascinante, porque conta toda a jornada do povo que vivia escravizado no Egito até a libertação. O quarto livro (*Bamidbar*, em hebraico, que pode ser traduzido como "No deserto") é a conclusão da jornada antes de o povo entrar na "Terra Prometida".

Por que esse livro é tão especial? Porque aqui entramos na dimensão do Deserto, na dimensão do Vazio.

O deserto é um local inóspito, onde aparentemente não há vida... e mesmo assim a vida triunfa.

Moisés, Jesus e várias outras histórias contam sobre mestres que passaram por diversas provações no deserto durante o processo de elevação espiritual.

Nas próximas páginas farei citações com adaptações livres de trechos da Bíblia.

No fim da história do primeiro livro (Gênesis), Jacó e seus filhos saem da Terra Santa e passam a habitar o Egito, junto com José. A história do *Shemot* (Exôdo) começa contando que o povo hebreu* estava no Egito, então surgiu um Faraó que não conheceu José e escravizou o povo.

O Egito não é um local físico, mas uma dimensão de consciência que é chamada de "dificuldades". Sempre que passamos por dificuldades em nossa vida, estamos nessa dimensão do Egito.

Agora, o que é essa escravidão? O que tudo isso quer dizer?

"O povo" representa nossa Alma. E essa não é uma escravidão física, é uma escravidão de consciência.

Quando caímos na rotina do mundo material, é muito fácil esquecer da nossa missão espiritual. Se você já participou de vivências terapêuticas e espirituais de algum tipo, imagino que nos dias após esses acontecimentos sentiu-se muito bem. No entanto, bastam alguns dias (ou algumas horas) de "rotina" para voltarmos aos padrões anteriores e "esquecermos" toda aquela conexão espiritual que vivenciamos.

A mesma situação acontece com nossa Alma nessa dimensão espiritual. Ficamos presos à rotina, aos apegos do mundo material, ao "conforto" que o Egito (o mundo material temporário) nos traz.

O que é esse conforto? É a famosa "Zona de conforto".

---

* Hebreu não é "judeu". Hebreu é quem tem a consciência da ponte entre o mundo físico e o espiritual.

- "Estou nesse trabalho de que não gosto, mas vou ficar."
- "Essa relação não é boa, mas é o que tem."
- "Eu poderia me alimentar melhor, mas vou continuar assim."

E, em vez de exercitar a consciência de Compartilhar, passamos a querer as coisas apenas para nós mesmos. O que eu quero quando tenho dinheiro? Mais dinheiro. E mais dinheiro, e mais, e mais.

Essa consciência estagnada, que esquece de fazer seu trabalho espiritual, é a escravidão. É a escravidão da consciência, fruto da ignorância espiritual.

E o que é o Faraó que não conheceu José? José representa a conexão com o mundo espiritual. O Faraó representa o Ego.

O Faraó que não conheceu José representa exatamente quando esquecemos da nossa conexão espiritual, e somos dominados pelo desejo de receber apenas para nós mesmos, nos distanciando cada vez mais da consciência da Luz.

Por conta desse aprisionamento da consciência, nossa Alma coletiva começa a cair em um nível profundo de negatividade, e precisa da energia e da consciência de Moisés (que é uma Alma iluminada) para nos resgatar.

O momento em que o povo está saindo do Egito (que é a festa da Páscoa), não é uma libertação física. Nossa Alma está proclamando a autoliberdade, se livrando de todas as amarras que lhe impedem a liberdade e a realização plena.

É a própria Alma escolhendo quebrar todas as cascas de negatividade que nos aprisionam.

O povo então começa a andar pelo deserto, até que em certo momento se depara com o Mar Vermelho, e atrás o exército do Faraó. O povo (nossa Alma), ainda preso na dimensão do conforto, começa a reclamar e a chorar que está fadado a morrer no deserto e pergunta a Moisés o que deve ser feito.

Moisés pergunta para Deus o que fazer, e Deus responde: **"Por que clamam a mim?"**

Por que clamar a Deus (como uma consciência externa)? **Nós, nossa Alma, já sabemos o que fazer.**

É nesse momento que todo o povo entra em sintonia com a Consciência Divina e eleva coletivamente a vibração espiritual.

E mesmo assim o mar não se abre.

Todo o povo fica esperando um "milagre" acontecer, mas apenas um homem, Nachshon ben Aminadav, entra no mar. E o mar não se abre.

Nachshon continua andando com confiança e certeza absoluta na Consciência Divina. Apenas quando ele está prestes a se afogar, quando a água começa a lhe cobrir todo o corpo, o mar se abre, e o povo consegue passar.

Nachshon, em hebraico, tem as mesmas letras da palavra *Nachash* — serpente.

Esse trecho da história mostra que apenas quando mantemos essa confiança absoluta na Consciência Divina e estamos dispostos a nos afogar é que vamos transformar a serpente (*Nachash,* representada por Nachshon), o Ego negativo, em Messias (o autossalvador dentro de cada um de nós; em hebraico, *Mashiach,* que significa Messias, tem o mesmo valor numérico da palavra *Nachash,* que significa Serpente), a Consciência Divina.

Todo o povo continua caminhando até chegar ao Monte Sinai, onde é revelada a Luz da Torá, mas não o livro físico, e sim todos os códigos que conectam nossa Alma à Consciência Divina, para Recebermos a Luz.

É a consciência da Alma que nos permite transmutar a serpente em Messias, que nos permite transmutar a morte em vida.

Porque essa dimensão física é uma dimensão temporária, com uma ilusão de separação.

Nosso trabalho diário é nos libertar da escravidão espiritual da consciência, proclamar nossa autoliberdade e transmutar a morte em vida.

Desde o momento em que o povo (nossa Alma) saiu do Egito (zona de conforto), há reclamações e problemas, porque o Ego quer voltar para onde é confortável, sem precisar assumir a responsabilidade.

E todos os outros acontecimentos "no deserto" servem para realizar a purificação da consciência do povo.

Para acessar a dimensão e a consciência da Alma, precisamos proclamar nossa autolibertação. Precisamos quebrar as cascas que nos prendem, os padrões de comportamento negativos e repetitivos... Precisamos assumir a responsabilidade por nossa vida para nossa Alma encarnar em nós. Esse é um chamado que todos nós estamos recebendo a todo momento.

Chegou a hora de atender ao chamado da Alma e alcançar a consciência da Imortalidade, vivendo com a consciência no Infinito. E vamos continuar interagindo na dimensão da matéria com essa nova consciência.

As histórias da Bíblia não são literais. Todas as palavras são códigos que descrevem nossa jornada espiritual. Quando vemos "Deus" irado com o povo, é nossa Consciência Divina espiritual coletiva falando com nossa Alma. Quando "o povo" comete uma transgressão, é nossa consciência robótica e contaminada atuando. E a "ira divina" é nossa consciência espiritual querendo nos trazer de volta ao caminho correto, ao caminho da Luz.

Nós somos as mesmas almas que estavam no deserto. Toda a humanidade, de todas as culturas, estava presente e presa na ignorância espiritual do Egito, e então, coletivamente, nos libertamos e recebemos a Luz da Imortalidade. Cada cultura recebe sua própria "versão", mas a essência é a mesma.

A Bíblia não conta histórias do passado, mas do presente e do futuro.

Em vários momentos percebo como as histórias na Bíblia estão acontecendo em minha vida, em situações do cotidiano, em algo que acontece no trabalho ou mesmo em casa. Brigas, discussões e intrigas sem sentido surgem "do nada"... e, quando vou conferir a energia da semana (de acordo com os estudos de *Kabbalah* que sigo ligados à Torá), os mesmos desafios que são descritos estão acontecendo "agora".

Por exemplo, uma vez, em um projeto, tudo estava indo às mil maravilhas. De repente, surgiu uma discussão sem pé nem cabeça e a "rádio peão" começou a rolar solta. Era um falando mal do outro, ânimos esquentando, discussões sobre a liderança da empresa, intrigas... Fiquei dias sem entender o que estava acontecendo.

No momento em que parei para estudar a energia em que estávamos, tudo fez sentido. Estávamos na semana em que a "má palavra" era um dos temas principais, e as mesmas discussões e os mesmos conflitos da Bíblia estavam acontecendo na vida real.

Qual o processo de cura? A partir do momento em que tomei consciência, fiz o trabalho interno de curar aquela situação; naquele caso, realizando uma meditação específica com o Zohar.

Como disse no começo do livro, existe uma parte "técnica" do estudo e vivência da *Kabbalah* que experimento dia após dia.

Nos últimos anos, os quais passei mediando alguns grupos e estudos de *Kabbalah*, comecei a enfatizar muito que o estudo deveria levar a uma "sintonização" e "sincronização" da nossa consciência com a energia que emana do Universo.

Por exemplo, temos uma energia semanal (ligado a uma porção da Torá e que tem os ensinamentos do Zohar) e o *shabat* (que é um portal para nos conectarmos com a consciência do Paraíso). Essas são aberturas semanais "constantes".

Existe, também, uma sintonização da energia a cada Lua Nova, quando nos harmonizamos com a energia do signo de cada mês.

Já me peguei diversas vezes na mesma situação de perceber problemas "surgindo" de todos os lados... E todas as vezes me "lembrei" que não tinha meditado nem me conectado à energia do mês que tinha acabado de começar.

É quase como "mágica"... Ao fazer essas sintonizações, rapidamente as coisas se harmonizam.

Existe, ainda, as aberturas cósmicas. Rosh Hashaná (o Ano-Novo cabalístico, em que plantamos uma semente de Luz para o ano inteiro), Yom Kipur (o Dia do Perdão, em que acessamos a dimensão espiritual para "selar" nosso destino pelo ano seguinte de forma consciente), Pessach (Páscoa, saída do Egito — não da localidade física, mas da dimensão de consciência da escravidão espiritual), Shavuot (a outorga da Torá no Monte Sinai) e tantas outras.

Eu não sou judeu, mas sincronizo minha consciência com essas datas, porque elas pertencem a toda a humanidade.

Quanto mais eu sintonizo e sincronizo minha consciência de acordo com essas aberturas cósmicas, mais preparado sinto que meu Recipiente fica.

Isso faz parte da "técnica" de viver com a consciência da *Kabbalah* e sempre faço o convite para quem quiser participar dessas aberturas, porque podemos sentir a diferença dia após dia.

O mais importante sempre é a nossa consciência e a responsabilidade que assumimos pelas situações que passamos. A partir do momento em que sintonizamos e sincronizamos nossa consciência com a Consciência Divina, ganhamos mais clareza mental e, assim, com muito mais facilidade conseguimos resolver as situações que se apresentam em nossa vida.

A serpente é a nossa Alma que está aprisionada e tentando se libertar.

Cada vez que caímos no desejo egoísta de receber, quanto mais nos afastamos da Consciência Espiritual, mais nossa Alma se afasta e mais a serpente cresce.

Precisamos libertar nossa Alma da prisão em que nós mesmos a colocamos.

Essa é a transformação da serpente em Messias, na libertação do nosso ser e essência espiritual.

Meditação: Cruze o Mar Vermelho

- Respire profundamente e faça o preparo para a meditação.
- Lembre-se de alguma situação pela qual esteja passando ou que já passou na sua vida que foi uma grande crise, trauma, ou situação de desespero.
- Inunde essa situação com Luz e a certeza de que a Luz da sua Alma está se manifestando.
- Sinta como se estivesse entrando no Mar, sinta como se estivesse a ponto de se afogar, mas continue certo e absolutamente confiante na Luz.
- No momento mais escuro, o Mar se abre. Todos os caminhos se abrem, e você recebe a Luz da Alma e a imortalidade.
- E você continua a viver, não mais com medo, mas confiante de que sua vida é amparada pela sua Alma. A Luz está sempre adiante em sua vida.

5

A chave para Receber

Na jornada que estamos percorrendo agora, precisamos ter clareza sobre qual é o nosso objetivo. Por que estamos nesta dimensão? Para que fomos criados? Para onde vamos?

Essas perguntas parecem tão complexas quando perdemos o contato com nossa Alma, mas toda a Criação, todo o pensamento da Criação, é simples. Nós vamos voltar para o Infinito quando o processo de correção coletiva terminar. Nossa Alma já toca essa dimensão infinita, mas a ilusão da separação, a ilusão do Tempo, nos faz sentir como se esse retorno ainda não tivesse ocorrido.

No Infinito, na dimensão da Luz Infinita, nós já passamos pelo processo completo de correção e retorno. Só precisamos lembrar disso, quebrar as barreiras e cascas que impedem essa memória e consciência e nos abrir para Receber a Luz.

E, quanto mais compreendemos por que estamos aqui, mais fácil e rápido será completar nossa missão e retorno.

Para que fomos criados?

A crise de identidade da humanidade começa porque esquecemos da nossa essência espiritual... e não queremos aceitar essa nossa verdadeira essência.

No mundo da matéria, nós aprendemos que precisamos trabalhar e sofrer para ganhar cada vez mais dinheiro. A maioria das pessoas está presa nessa consciência de "se matar" de trabalhar para conseguir o sustento.

Essa consciência também faz parte da consciência robótica. Precisamos "fazer" para receber uma recompensa física.

Mas qual é o Desejo da nossa Alma? O que nossa Alma quer Receber?
A resposta é: Luz.
Luz espiritual, pura e simples. Receber todo o Prazer Espiritual que a Luz compartilha com o Recipiente.

E isso não significa que temos que "fazer" algo para receber essa Luz... **Porque já fomos criados para Recebê-la!**

A Luz no Infinito continua emanando para o Recipiente. No entanto, é o Recipiente que rejeita a Luz enquanto não se sente merecedor de recebê-la.

O que nos impede de Receber a Luz? Os curtos-circuitos que geramos. E mais ainda: **a não aceitação de que somos Recipientes.**

Ao mesmo tempo, a dimensão física é necessária porque na dimensão espiritual não há "movimento". Apenas na dimensão física há espaço suficiente para o Recipiente exercer o Compartilhar.

Você se lembra do Pão da Vergonha? Não nos sentimos merecedores de Receber, em um nível cósmico que reflete em nossa vida.

Nós fomos criados para Receber a Luz... e nos aliviar do Pão da Vergonha (de forma individual e no nível do Recipiente).

Porque é através desse processo que vamos iniciar nosso caminho de volta ao Infinito, compartilhando com a Luz algo que não existe em sua essência original.

A Luz é completa e infinita.

Quando o Recipiente faz a Contração, desce até a escuridão (a dimensão onde estamos), aprende a compartilhar e retorna ao Infinito recebendo todo o Prazer Espiritual da Luz!

Nesse processo, nós (como Recipientes) damos à Luz algo que ela não tem: a satisfação e a alegria de retornar ao Infinito como seres merecedores (e capazes) de Receber a Luz Infinita.

É o retorno ao Infinito de uma forma "mais que perfeita". É uma inversão de papéis.

Há uma história do Rav Ashlag que explica esse ponto de maneira muito especial, e cito uma história que recebi (retirada da obra do Rav Michael Laitman, *Um Guia para a Sabedoria Oculta da Kabbalah*):

> *Em outras palavras, a seguinte troca ocorre: o Criador oferece prazer ao ser criado, que o aceita sob a exclusiva condição de que ao fazê-lo agradará ao Criador.*
>
> *O Baal HaSulam cita o exemplo eterno e bem simples do convidado e do anfitrião. O anfitrião apresenta ao convidado uma mesa cheia de guloseimas.*
>
> *O convidado se senta, mas não se atreve a comer porque não quer estar numa posição de recepção e não está certo se o anfitrião é sincero em seu desejo de deleitá-lo. O convidado está envergonhado porque tem de receber apenas, enquanto o anfitrião doa.*
>
> *É por isso que o convidado recusa o que é oferecido, com o objetivo de entender o verdadeiro desejo do anfitrião. Se o anfitrião insiste, pedindo ao convidado que honre a comida, assegurando-o de que ficará muito feliz se assim o fizer, então o convidado começará a comer.*
>
> *Ele fará isso porque está convencido de que agradará o anfitrião e não irá mais sentir que está recebendo do*

anfitrião, mas que está doando a ele, ou seja, dando prazer a ele.

Os papéis foram invertidos. Mesmo sendo o anfitrião quem preparou toda a comida e agindo como "aquele que convida", ele claramente entende que o preenchimento do seu desejo de dar prazer depende unicamente do convidado.

O convidado possui a chave do sucesso do jantar e consequentemente domina a situação.

O Criador, de maneira especial, fez o ser criado de um jeito que, sob a influência da Luz, irá se sentir envergonhado de apenas receber. O ser criado, usando a liberdade de escolha, alcançará um nível em que o prazer não é experimentado de maneira egoísta, mas com o objetivo de agradar o Criador. Neste caso o ser criado se iguala ao Criador; Malchut (nossa dimensão física) se eleva ao nível de Keter (a dimensão do Infinito) e adquire atributos divinos.

Esses atributos divinos, esses sentimentos, estão além de qualquer descrição, e não podemos concebê-los. A entrada nos mundos espirituais ao se adquirir apenas um nível de similaridade com o Criador já significa eternidade e prazer e realização absolutos.

Nessa história, nós somos os convidados e a Luz é o anfitrião. Entretanto, o sucesso de "Receber a Luz" não depende da Luz — depende de nós.

Quando aceitamos que nosso papel é Receber a Luz... e aceitamos que estamos fazendo isso para "fazer a Luz feliz" (porque ela quer Compartilhar)... nós estamos no caminho para retornar ao Infinito.

> **Meditação: Receba**
>
> - Respire profundamente e faça o preparo para a meditação.
> - Abra seu Recipiente e apenas Receba a Luz.
> - Você aceita Recebê-la porque está Compartilhando com a Luz.
> - Deixe a Luz entrar, e receba o Prazer Espiritual Infinito que ela está oferecendo.

A dimensão do Compartilhar

- Qual é a saída para realizar todas as curas em nossa vida?

Como fazemos esse retorno? Como fazemos essa inversão de papéis e nos sentimos merecedores de Receber a Luz? Por meio da dimensão do Compartilhar.

Não estou "recebendo para mim mesmo". Estou recebendo porque fui criado para Recebê-la! E aceito Recebê-la porque estou ajudando a Luz a cumprir sua função!

Depende única e exclusivamente de mim a Luz realizar sua função.

Parece um conceito simples, mas essa é a dimensão da Alma, é a dimensão do Infinito. Não estamos mais no mundo temporário, e sim no Infinito.

Se eu deixar a Luz entrar, e faço isso com a consciência de Compartilhar com a Luz, o que acontecerá?

Eu vou Receber a Luz sem o Pão da Vergonha.

Eu não "compartilho" porque sou "bonzinho". **Eu compartilho porque esse é o canal para eu Receber!**

E esse é um processo que se aplica a todas as áreas da nossa vida. Porque o Compartilhar é a cura para todos os curtos-circuitos que geramos ao longo de inúmeras vidas.

Imagine uma situação que envolve saúde, em que você está passando por um processo de doença. Essa doença é um "efeito". A "causa" é um curto-circuito gerado em algum momento anterior (nesta ou em vidas anteriores).

Isso não é para você se sentir culpado. Agora você tem a oportunidade de assumir a responsabilidade e, de forma consciente, atuar na causa espiritual para transmutar sua situação.

Qual o caminho para Receber a Luz da Saúde? Compartilhar saúde.

Como faço isso? Começo a canalizar a energia da saúde, e de forma consciente compartilho com o Recipiente, com o "mundo", com a "humanidade".

A Consciência Divina em nosso plano também é chamada de *Shekiná*, que é a "presença divina".

Essa presença divina, assim como a humanidade, também "caiu" no momento do curto-circuito no Paraíso e está em "exílio", também afastada da dimensão do Paraíso.

Quando ocorre um processo de doença no meu corpo físico, a *Shekiná* também está passando por esse processo.

Então medito para que a *Shekiná*, a presença e a Consciência Divina recebam a Luz da Saúde. Porque, se estou passando por um processo de doença, a Consciência Divina também está sofrendo.

Eu oro para que toda essa Luz da Saúde seja compartilhada com a *Shekiná* e com todos que precisam.

E, somente no final, também peço para que eu possa receber essa Luz da Saúde de que estou precisando. Mas dessa vez faço isso me sentindo merecedor — porque compartilhei.

Compartilhar é uma dimensão de consciência.

Em hebraico, muitas orações começam com "Bendito sejas tu, Eterno" (*Baruch ata Adonai*). Por meio dessa frase, nós estamos abençoando a divindade! Ao fazer nossas orações com a consciência correta, nós primeiro abençoamos (compartilhamos) com "Deus", e isso abre o canal para Receber.

Se trazemos essa consciência para nossa vida, um portal de luz e bênçãos enormes pode se abrir.

Esse é o processo proativo e cocriador da oração sem cair na armadilha da consciência robótica.

Eu não vou à igreja, templo ou sinagoga com uma "lista de compras" para exaltar como sou bonzinho e "amo a Deus", e por causa disso "mereço" ser atendido.

Não! Eu interajo de maneira proativa com a Consciência Divina, através do Compartilhar!

Quando falo sobre "Compartilhar", não estou falando obrigatoriamente de uma ação física; nem significa "fazer caridade".

Conheço dezenas de pessoas que dizem que "compartilham", fazem várias ações e obras de caridade (o que é positivo), mas o problema está na consciência.

Porque muitas dessas ações de "caridade" são feitas para mostrar aos outros como essa pessoa é boazinha e caridosa.

Sim, isso também é consciência robótica!

É gratificante dar assistência a quem precisa, e sempre que possível é bom fazê-lo. Se você gosta de fazer doações, pode escolher uma instituição de que gosta e então — sugiro — fazer uma doação totalmente anônima!

Quando praticamos atos como esse, estamos tirando o Ego negativo, e assim, entramos mais facilmente na dimensão do Compartilhar desprendido.

Contudo, não estou praticando esse ato porque sou "bonzinho".

Eu pratico um ato de caridade não para "ajudar o outro", mas, sim, para Receber o Prazer Espiritual e a cura daquilo dentro de mim!

Nós ajudamos os outros não porque somos bonzinhos, mas com a consciência proativa que estamos nos curando. O outro "doente", precisando de algum auxílio, potencialmente temos a mesma situação dentro de nós.

Então nós, proativamente, intencionamos compartilhar Luz, amor e saúde, se sentimos que realmente é bom e benéfico para nós e para o outro fazemos o ato físico ao nosso alcance, e meditamos em nos curar e em curar o outro dentro de nós.

Não é uma questão de "se" devemos ajudar, mas a consciência com que realizamos esse ato.

Até mesmo falar "não" para um pedido de ajuda pode ser exatamente a cura e a ajuda que alguém precisa.

Se caímos no "caos" da mente da outra pessoa, se ficamos em dúvida, irritados ou remoendo se ajudamos ou não, essa é exatamente a cura que precisamos realizar dentro de nós.

Para ajudar alguém, primeiro precisamos nos curar. Ao curar nosso mundo, também curamos o outro.

Esse ato não é para eu "barganhar com Deus" ("Lembra-se de como ajudei aquela pessoa? Agora me ajude!"). É um ato consciente de Compartilhar para Receber a cura.

Podemos "ajudar" as pessoas, mas precisamos sair da falsa modéstia de que estamos fazendo isso porque somos legais.

Precisamos transformar os atos de auxílio com a consciência de Compartilhar — **é um meio para nos curar; para recebermos o Prazer e a Cura Espiritual da Luz.**

Se uma pessoa vem a mim precisando de auxílio com saúde, primeiro me pergunto: *Faz parte da minha missão Compartilhar saúde com essa pessoa?*

Se sinto que sim, vejo o que é possível fazer por ela. Se é uma doença, medito em Compartilhar saúde com essa pessoa (e muitas vezes a ensino a fazer o mesmo), mas com a consciência de que estou fazendo isso para me curar daquela doença.

Porque, em um nível energético, essa doença que estou vendo "no outro" potencialmente também existe dentro de mim. Então posso fazer um ato de caridade, com a consciência de Compartilhar... para me curar. Não para "ajudar o outro".

Lembre-se: não estamos aqui para "ajudar o outro". Estamos aqui para salvar o nosso mundo e Receber a Luz.

No que diz respeito à saúde, faz muitos anos que estudo terapias alternativas e tenho à disposição uma série de recursos (como massagem, por exemplo) que uso principalmente para mim e pessoas próximas de mim e da minha família.

Se alguém está passando por algum processo de dor e sinto que posso fazer algo, menciono o assunto, caso essa pessoa não saiba previamente que posso ajudar. Se ela me pedir ajuda, então faço o que é possível para ajudar.

Contudo, se trata-se de uma pessoa que sabe que tenho esses recursos à disposição e que eu os aplicaria com todo amor do mundo para auxiliá-la, mas que não pede a minha ajuda, então não posso ajudar...

No máximo, ofereço mais uma vez (quando é alguém mais próximo de mim), mas não posso forçar e insistir em dar algo que o outro não quer receber.

E, mais uma vez, está tudo bem! Porque cada um segue o próprio processo e não sou o salvador de ninguém.

Se eu ficar com rancor porque alguém recusou uma ajuda minha, quem precisa de cura sou eu!

Você precisa de saúde? Compartilhe saúde.

Você precisa de prosperidade? Compartilhe prosperidade.

Compartilhe com a humanidade... compartilhe com a consciência do Recipiente... compartilhe com a Luz!

E lembre-se: **Compartilhar não é o objetivo.**

Compartilhar é o meio, é o canal, para Receber a Luz sem o Pão da Vergonha. Essa é a consciência que precisamos criar em nós para também auxiliar Elohim a Receber toda a Luz.

Há um ensinamento cabalista que diz: *Teshuvá* (Arrependimento), *Tzedaká* (Caridade) e *Tefilá* (Oração) convertem a má sentença.

Primeiro, preciso, sim, me arrepender de ações negativas. Preciso me aprofundar e assumir a responsabilidade de tudo que fiz.

Pratico o *Tzedaká* não para "ajudar o outro", mas para me curar da morte que aquele ato negativo gera em minha vida. *Tzedaká* não é mera "caridade", é a cura consciente para transformar o anjo da morte em anjo da vida.

Faço minhas orações atuando de forma consciente no nível da semente espiritual... E faço isso com a consciência de Compartilhar!

Dessa forma, "retorno" à Consciência Divina... e Recebo toda a Luz e o Prazer Espiritual que estou pronto para Receber.

Meditação: Compartilhar a Luz

- Respire profundamente e faça o preparo para a meditação.
- Agora, visualize a Luz envolvendo você e, na inspiração, inspire a Luz. Retenha o ar por um tempo e, na expiração, compartilhe a Luz.
- Repita esse ciclo de inspirar (Receber), reter (Restringir) e expirar (Compartilhar). Faça a respiração mais longa possível.

- Ao expirar-Compartilhar, medite que você está compartilhando Luz com a própria Luz!
- E que você aceita Recebê-la, porque isso ajudará a Luz a cumprir sua função, e ela ficará feliz em conseguir Compartilhar.

6

A dimensão da Alma

- O que é sagrado no seu viver?

Agora estamos entrando cada vez mais na dimensão da Alma, e muitas vezes já me perguntaram "como é esse negócio" de ter uma conexão criada.

Essa é uma pergunta interessante, porque na aparência "externa" não há mudança alguma.

Continuo trabalhando normalmente, e tenho necessidades e defeitos humanos, assim como você e todas as outras pessoas. Entretanto, desde que comecei a compreender a profundidade do trabalho de me aproximar da minha Alma, tenho duas palavras que descrevem bem como me sinto: **Desperto e Consciente**.

Basicamente, hoje, todas as vezes que cometo algum "desvio", tomo consciência do meu erro muito mais rápido. Se percebo que me exaltei em algum argumento ou em alguma discussão, se dei uma resposta ríspida, percebo isso rapidamente.

Não fico "remoendo" as situações, e sempre faço o trabalho interno de cura primeiro e lido com as situações "físicas" em seguida (mesmo que precise de alguns dias para "processar" o que aconteceu).

Em muitos momentos consigo ter uma clareza maior das situações que estão acontecendo ao redor porque consigo ver todos os lados de maneira mais neutra, tirando a visão do meu Ego sobre as situações.

Quando estou em dúvida sobre qual caminho seguir, mensagens muito nítidas vêm para indicar o caminho. E estou atento para captá-las.

A conexão com a Alma é um fluxo, é um estado de consciência em que entramos.

Lógico, como estamos na dimensão da matéria, há dias que são mais leves que outros e há dias em que fico muito cansado. Existe, porém, uma maneira muito simples de saber se estamos vivendo conectados com a Alma.

Muitos de nós temos o desejo de "trabalhar" para "ganhar dinheiro" a fim de ter "qualidade de vida" quando nos aposentarmos, como se uma vida boa e a paz só pudessem ser alcançadas depois de um tempo enorme de trabalho, com muito esforço e sofrimento.

O caminho da Alma é outro: qualidade de vida é aqui e agora.

Se me sinto bem no fim do dia, com qualidade de vida, dormindo bem, com boa saúde e feliz por mais um dia, estou conectado com a Alma (mesmo se estiver cansado fisicamente).

E se "problemas" começam a surgir, se minha qualidade de vida no fim do dia está ruim, é um aviso de que alguma coisa não está bem, e então preciso corrigir a rota.

Tudo isso é um estado de consciência. A dimensão da Alma está aqui e agora disponível para mim e para você... **só precisamos ter o Desejo de acessá-la.**

Quanto mais fazemos nosso trabalho diário, mais esse contato se torna íntimo.

Nos meus estudos de budismo zen com os ensinamentos de Thich Nhat Han, aprendi sobre a atenção plena e consciente em todos os momentos. Desde o caminhar, respirar, falar até o ir ao banheiro... se estamos presentes, no momento presente, tudo está perfeito. É essa consciência que precisamos incorporar e expandir.

Quando falo em "quebrar as cascas", não estou falando de uma técnica mágica que só pode ser colocada em prática enquanto meditamos. Quebrar as cascas faz parte do nosso dia a dia!

Um ótimo exemplo é lavar louça. Optei por ser vegetariano, e muitas vezes preciso lavar pratos e panelas repletos de gordura de carne. Então aproveito esse momento para também fazer meu trabalho espiritual. Conforme lavo a louça, também medito em limpar todas as cascas do meu ser e daquele alimento "sujo" que está ali.

Porque essas fagulhas de luz (presas na "sujeira"), uma vez liberadas de suas cascas, são absorvidas por minha família e por outras pessoas que podem precisar, ou seja, também é minha consciência de Compartilhar.

Temos uma composteira no apartamento, na qual colocamos restos orgânicos para as minhocas processarem. Por quase dois anos tivemos conflitos dentro de casa, porque surgia mau cheiro, umidade, moscas... Agora até mesmo isso se tornou uma experiência espiritual para mim. Porque estou colocando ali todos os restos "podres" de mim para serem transmutados em adubo.

Ao compostar os restos de comida, estou "reciclando" todas as cascas do meu ser, liberando as fagulhas de Luz da minha consciência que estão presas e precisam desse processo para serem liberadas.

Sim, temos todas as oportunidades em nossa vida cotidiana para interagir de maneira consciente com a Luz. Muitas filosofias espirituais dizem isso, que **tudo é sagrado**. Não existe uma "Terra Santa". É o Homem, com sua consciência, que precisa "consagrar a terra".

A Terra Santa não é um local físico, mas uma dimensão de consciência.

Vivo minha vida normalmente, e quase todos os dias, pouco antes de dormir e logo ao acordar, pratico uma pequena rotina de conexões e meditações. (Muitas vezes a realizo na cama mesmo, nem minha esposa consegue "ver", porque é um trabalho interno.)

Em todas as refeições, abençoo o alimento, meditando que todas as cascas e fagulhas de Luz presas na dimensão da negatividade sejam liberadas.

Por meio da interação com os alimentos, podemos ativar a energia e a essência de cura em nossa vida.

A semente da cura não está apenas na "planta" que ingerimos. Nós também interagimos com a Inteligência energética e espiritual e canalizamos toda a nossa sabedoria espiritual para ativar a consciência.

Muitas vezes, abraço árvores e tenho "conversas" com pedras, ervas e plantas... Medito em me conectar com a inteligência espiritual desses organismos.

E eles respondem! Já tive conversas, viagens e ensinamentos incríveis "conversando" com esses seres, acessando a inteligência espiritual deles.

Em meu trabalho profissional, medito para que tudo seja feito em função de Compartilhar a Luz, e consagro meu trabalho.

Quando viajo, faço algumas orações nos locais que visito para consagrar, curar e purificar aquela terra, para que ela também possa ser elevada.

Sempre que possível, faço uma meditação com imersão na água a fim de purificar e preparar o Recipiente corporal e metafísico para Receber a Luz.

Esse não é um trabalho "externo". É um campo de batalha interno.

Porque na rotina, no dia a dia, podemos nos esquecer dessa conexão e da consciência espiritual. Foi isso que gerou a escravidão no Egito, uma escravidão de ignorância espiritual e não física.

Quando alcançamos essa dimensão da Alma, os caminhos se abrem, mesmo que no começo pareça uma bagunça. Muitas vezes podem surgir mudanças drásticas e rápidas na vida, e podemos nos sentir jogados na escuridão e no sofrimento... quando, na verdade, é nossa própria Alma nos direcionando!

Lembro-me de que alguns anos atrás trabalhava em uma empresa, com uma pessoa de quem eu gostava... e, em uma meditação em grupo que fiz na época, um dos decretos era para "cortar situações tóxicas da vida". Diante dessa frase, na hora me veio à mente essa parceria de trabalho... e menos de um mês depois terminamos aquela relação. Tivemos uma conversa rápida e amigável para encerrar as atividades, e, mesmo aquele projeto específico tendo terminado, surgiram outras oportunidades de trabalhar depois com a mesma pessoa (das quais algumas aceitei e outras neguei por entender que cairíamos no mesmo padrão de conflitos).

No dia em que encerrei esse projeto, liguei para avisar à minha esposa, e disse "Vou me permitir duas horas de agonia quando chegar em casa, não me atrapalhe".

Assim que cheguei em casa, tomei um banho, chorei, fiquei com raiva, dormi um pouco e me permiti sentir tudo que aquela situação representava.

Não sei dizer se isso durou exatamente duas horas, mas mesmo esse rompimento (e era minha única fonte de renda na época) **foi a melhor coisa que aconteceu comigo.** Porque me abriu o caminho para decolar na carreira — e fazer o que realmente queria.

Eu sei que há situações em que precisamos continuar com um trabalho de que não gostamos por questões de sobrevivência. O ponto principal não é esse. Mesmo em uma situação de "emergência", em que é preciso trabalhar para poder ter o que comer, é possível viver tudo isso com a consciência da Alma. Porque mesmo esses desafios podem ser uma correção necessária pela qual precisamos passar.

Se pedimos prosperidade com a consciência da Alma, aos poucos a situação começa a melhorar, se tornando cada vez menos sofrida.

Temos que assumir a responsabilidade. Porque criamos tantos curtos-circuitos sem perceber que frequentemente nos vemos em situações delicadas sem saber o motivo.

TUDO **tem um motivo para acontecer.** Tudo tem uma causa, uma raiz. Nenhuma situação em nossa vida aconteceu por acidente. Assim como uma árvore não surge do nada, as situações que aparecem foram plantadas, e são como sementes crescendo.

Se não encontramos essas raízes a tempo, elas se manifestam como problemas... de relacionamento, de saúde, de dinheiro... nenhum problema é "novo".

Então, é importante voltar nossa consciência para dentro e começar a interagir com essa dimensão espiritual da "causa" agora... **meditamos em trazer um futuro abençoado e pleno para nosso presente.**

Meditação: Interaja com a semente

- Respire profundamente e faça o preparo para a meditação.
- Comece a recordar situações em que você de alguma forma fez, falou ou pensou algum mal.
- Medite em entrar em contato com sua Alma para fazer a correção de todas essas situações.
- Assuma a responsabilidade e comece a cura de todas essas sementes, projetando e emanando Luz sobre elas.

> - Se há alguma situação na sua vida que precisa ser transformada, traga-a para a mente.
> - Chame sua Alma para ajudar a resolver essa situação e projete Luz sobre ela.

A dimensão do Vazio

- O que aconteceu dentro de você nos momentos mais difíceis da sua vida?
- Quais impulsos e desejos consomem sua mente?

Vamos relembrar alguns conceitos: no Infinito, o Recipiente recebe a Luz Infinita, mas não consegue Compartilhar. Então ele cria um "espaço" dentro de si, um Vazio no qual pode criar essa dimensão interna para aprender a Compartilhar e se sentir igual à Luz.

Compartilhar abre um espaço, um Vazio.

É como se fôssemos um vaso recebendo água. Se apenas recebemos, a água vai preencher todo o vaso e não haverá espaço para receber mais. Porém, quando compartilhamos, abrimos esse Vazio, esse espaço que nos permite continuamente Compartilhar, recebendo a Luz Infinita.

Se deixamos nosso copo encher e paramos de receber água, até podemos Compartilhar de maneira limitada a quantidade de água que temos, mas ela vai acabar, porque, fora do Infinito, nosso Recipiente individual é finito, limitado.

Quando compartilhamos tudo que temos dentro de nós, é nessa hora, quando nossa "luz interna se esgota", que pode surgir um despertar que às vezes só é possível nos momentos mais difíceis.

É nesse momento que sentimos dentro de nós:

> Só quero viver com a Luz. Só quero Receber a Luz Infinita e plena.

É como o discípulo que procura o mestre em busca de iluminação, e o mestre começa a afogá-lo. Quando o mestre tira da água a cabeça do discípulo e pergunta o que ele quer, se o discípulo responder "ar", ainda não está com a consciência pronta para Receber a Luz. Entretanto, se, mesmo a ponto de se afogar, ele desejar "Luz" (como Nachshon cruzando o Mar Vermelho), então o discípulo já está no processo de retorno à Consciência Infinita.

Mesmo padrões de comportamento negativos, como o vício em cigarro, compulsão por doces, impulsos sexuais, podem ser aliviados pela consciência de Compartilhar.

Por exemplo, gosto muito de doce e chocolate e, dentro do possível, como de forma moderada. Mas, em determinado momento, comecei a comer MUITOS doces... a ponto de comer dois pacotes de biscoitos inteiros em uma noite e continuar querendo mais. De onde surgiu isso?

Dentro de mim, estava sentindo falta do Prazer Espiritual — estava buscando nos doces uma sensação de prazer temporário.

A fim de preservar minha saúde, decidi que precisava mudar isso, mas a vontade de comer doces continuava.

Então o que fiz?

Além de trocar o "chocolate" por uma fruta, me permiti comer alguns doces.

Enquanto comia, meditava em compartilhar a doçura e em elevar todas as fagulhas de Luz daquele alimento de volta à dimensão dele, quebrando as cascas que estão naquele alimento.

Realizei o mesmo ato físico, mudando minha consciência. E posso dizer apenas pela minha vivência... a vontade compulsiva de comer doce quase se extinguiu já no dia seguinte.

Minha vida inteira também passei por desafios em questões de relacionamentos e impulsos sexuais; são grandes pontos da minha correção pessoal.

Comecei a meditar que mesmo os desejos e pensamentos negativos também são Luz, e esses pensamentos também precisam ser libertados.

Passei a parar de lutar contra eles. Toda vez que surge um pensamento ou impulso negativo, tento o máximo que posso aceitá-los, e medito em quebrar as cascas que estão envolvendo esses pensamentos.

Mais uma vez, posso falar apenas da minha experiência. Esses impulsos negativos continuam lá, porque eles fazem parte de mim, do meu *meod*.

A serpente sempre me pergunta "onde estou", se já consegui corrigi-los ou se ainda preciso continuar exercendo a Restrição (conter o Desejo de receber apenas para mim — nesse caso, me render aos impulsos).

Desde que comecei a ativamente ter essa consciência (meditar em liberar as fagulhas de Luz presa nos pensamentos negativos), esses impulsos e desejos diminuíram muito. Não é algo que me consome como antes.

Esse é o nosso trabalho espiritual.

> O grande segredo é que não precisamos mudar nada de concreto em nossa vida, apenas nossa consciência em relação a tudo.

Não é um jogo de aparências externas, mas da relação íntima e consciente que você mantém com si mesmo.

Gosto muito da história de José, o Justo (narrada no livro do Gênesis — *Beresheet*, em hebraico), porque há uma passagem muito marcante para mim: os irmãos o jogam em um buraco. Imagine como você se sentiria perdendo tudo, até mesmo vendo as pessoas que você ama querendo se livrar de você.

É nesse momento da queda no "buraco" que entramos na dimensão do Vazio, na qual perdemos todas as referências e crenças anteriores e dar início ao nosso processo de transformação.

No buraco, nos momentos mais difíceis de nossa vida, podemos sentir a tristeza. Podemos sentir e experienciar essas emoções dentro de nós. Mas durante esse processo, abrimos de forma consciente um espaço dentro dessas emoções e injetamos Luz.

Podemos sentir a dor, mas que seja por um período curto.

Que possamos ver que todas essas situações são oportunidades de revelar mais Luz em nossa vida e no mundo.

Que a dor e o sofrimento sejam canais para abrirmos espaço para a Luz entrar em nós. **Nós podemos preencher o Vazio com Luz.**

Da mesma forma, mergulhar nesse vazio é um lugar de paz. É uma dimensão de escuridão (porque estamos afastados da Luz), mas é nesse vazio que começamos a correção do nosso mundo interior.

E, quanto mais mergulhamos nessa dimensão do Vazio, cada vez mais temos oportunidade para fazer nossas correções e iluminar nosso mundo.

Lembre-se de que nosso trabalho é salvar o nosso mundo, e precisamos permitir que a Luz entre nos lugares mais afastados e escuros de nós mesmos.

Meditação: Abra espaço para a Luz entrar no sofrimento

- Respire profundamente e faça o preparo para a meditação.
- Lembre-se de uma situação (atual ou passada) na qual você passou por alguma dor ou sofrimento. Traga essa situação para sua tela mental e permita-se sentir toda a dor que isso traz para você.

> - Agora respire fundo... e se permita abrir um espaço vazio dentro de você. Crie um Vazio, e manifeste seu desejo: "Quero preencher esse Vazio com a Luz. Quero deixar a Luz entrar."
> - Respire e experimente a sensação de paz que deixar a Luz entrar traz para nossa vida.

O 6º sentido: Discernimento

- Lembre-se de uma discussão ou desentendimento que você teve com alguém. Quem estava certo e quem *também* estava certo?
- Qual realidade você está criando para si?

Você já parou para pensar de onde ideias, insights e intuições surgem? Tudo isso está "flutuando" no mundo astral, e, dependendo da sintonia de cada um, podemos nos conectar e receber todas essas ideias.

Quanto mais nos aproximamos da Alma, mais sentimos nossa intuição aflorar. Recebemos insights, falamos coisas que às vezes nem pensaríamos, ouvimos aquela "voz" que fala para seguir por determinado caminho — isso pode se apresentar de maneiras simples e divertidas também.

Uma vez eu estava dirigindo à noite (e sem GPS) em um local sem iluminação e por onde só havia passado durante o dia.

Eu sabia que estava perto, mas precisava de uma "dica" se estava no caminho certo. No mesmo instante, algumas borboletas apareceram na frente do carro por alguns segundos e "apontaram" o caminho.

Pouco tempo depois, fiquei em dúvida se precisava continuar reto ou virar, e as borboletas novamente "indicaram" o caminho. E eu cheguei ao destino.

Esse é um exemplo simples de como é estar conectado e atento aos sinais que começam a aparecer.

Isso também já me gerou situações interessantes. Várias vezes precisei perguntar aos estudantes de algumas turmas o que eu havia falado na aula anterior porque não me lembrava exatamente.

Em várias ocasiões, quando eles começavam a repetir minhas palavras, eu dava risada e respondia: "Têm certeza de que fui eu mesmo que disse isso?"

Até mesmo dando aulas sobre outro assunto (como marketing), preparo um "roteiro" e a aula toma um caminho completamente diferente, porque entro em uma fluidez e um estado de conexão em que "perco" o controle.

As palavras que saem são o que as Almas daqueles estudantes precisam ouvir (mesmo quando o assunto é "material", como questões de trabalho).

Se preciso tomar uma decisão de começar um projeto novo, também é possível saber se faz parte da minha missão.

Se tenho uma ideia ou oportunidade, em vez de "sair fazendo" (que é a resposta natural no mundo físico e da consciência reativa), eu espero.

Muitas vezes não comento com ninguém, nem com minha esposa. Nesses momentos, medito: "Se for para fazer com a Luz, para Compartilhar, se faz parte da minha missão espiritual, e é para o bem, me mostre."

Medito em Compartilhar tudo que o projeto representa (como um ensinamento espiritual, ou um produto que penso em vender).

Compartilho a saúde, a alegria e a prosperidade desse projeto, transformo a intenção em Compartilhar — "Esse projeto é para compartilhar saúde, prosperidade etc." — e "esqueço".

Entrego para a Luz e a consciência da minha Alma se manifestar.

Se começo a receber questionamentos e pedidos de outras pessoas "do nada", então entendo que está na hora de colocar a "mão na massa".

Mesmo assim, as coisas precisam acontecer com fluidez, com simplicidade.

Se no momento de realizar um projeto, por exemplo, só aparecem "complicações", começo a meditar em resolver essas situações com a consciência da Luz.

Quando senti vontade de dar cursos presenciais (de espiritualidade ou de marketing), em vez de enfrentar um processo difícil e confuso para encontrar um local adequado, surgiram convites ou encontros "por acaso" oferecendo boas possibilidades.

Muitas vezes, em outros casos, eu quis aprender uma habilidade nova ou até produzir um novo tipo de trabalho e essas oportunidades apareceram naturalmente para mim.

Ao praticar a consciência de Compartilhar, desejando Receber, nossos desejos podem ser realizados em poucos dias.

Por outro lado, também podem levar semanas, meses ou mesmo podem nem sequer ser realizados... e está tudo bem! Porque aquilo que é feito com a consciência da Alma, nunca será um peso.

O convite para escrever este livro veio a mim dessa mesma maneira. Desejei compartilhar estas palavras e, em um mês, de forma natural e simples, surgiu o convite para fazê-lo.

Para dar mais um exemplo, quando desejo saber mais sobre algum assunto, mesmo sem comentar nada com ninguém, as pessoas me recomendam e emprestam livros que os fizeram pensar que eu poderia ficar interessado, e são sempre sobre os assuntos que estão em minha mente.

Acredite, essas situações acontecem o tempo todo...

Minha esposa sempre brinca falando que sou iluminado, espiritualizado etc., e eu digo que é o contrário, que ainda tenho muito trabalho para fazer e ela está muito à frente. Porque sempre que ela quer começar algo novo, ou quer fazer alguma mudança, surge uma oportunidade nova e empolgante "do nada", sem ela precisar falar com ninguém a respeito disso.

Essas situações são alguns exemplos de como a conexão com a Alma abre caminhos.

Há, porém, um atributo essencial que Rav Ashlag menciona. **A conexão com a Alma traz um "6º sentido": o discernimento.**

A visão da Alma, a visão do Paraíso, é o discernimento.

Sempre que começamos a ver a realidade com os olhos da Alma, começamos a discernir as situações, deixando de lado a visão apenas do nosso Ego.

Outra palavra para isso é Compreensão. A Compreensão "compreende" e dissolve os opostos. Não é "um ou outro". Torna-se "um e outro".

Em determinada situação, uma pessoa que havia se envolvido em uma polêmica, na qual estava sendo acusada de cometer importunação sexual, me disse: "O que você falar, eu faço."

Naquele momento, fui colocado na posição de juiz. Meu impulso imediato era simplesmente "punir" essa pessoa, pedindo que se retirasse do grupo que participava, mas eu sabia que não estava vendo a situação completa.

Quando o "outro" peca, queremos "justiça", geralmente disfarçada de punição. Quando o pecado é nosso, queremos misericórdia para nós.

Ciente de que eu não deveria cair nessa consciência contaminada, eu soube que precisava dar uma orientação que ajudasse essa pessoa em seu processo de correção e que não se resumisse em "dar uma sentença".

Precisei meditar bastante até encontrar uma resposta porque esse é um tema que gera grande incômodo em mim, e eu estava tendo dificuldade em separar meu "ego" da situação.

Depois de um tempo, me veio uma resposta, com uma transparência e uma simplicidade tão profundas que tinha certeza que vinha de uma dimensão superior.

Pedi para que ele se engajasse em alguma instituição de ajuda a mulheres que sofreram algum tipo de abuso. Quando ele sentisse que podia minimamente entender o que essas mulheres passaram, que voltasse a participar do grupo.

Indo além de certo e errado nessa situação, esse é um exemplo bem marcante que mostra a importância do discernimento em nossa vida. Além disso, também precisei trabalhar a cura daquela situação dentro de mim para poder transmitir uma orientação com clareza.

Precisamos discernir para sair da confusão entre o Bem e o Mal. Só assim será possível fazer a correção da "confusão" entre o Bem e o Mal.

Precisamos interagir com o "mal" para também fazer a correção.

Mesmo em uma discussão com alguém, você está certo no seu ponto de vista... **e a outra pessoa também está certa no ponto de vista dela!**

A consciência reativa e robótica quer "ganhar" a discussão. A consciência da Alma continua aprofundando até encontrar um ponto de paz.

Mesmo que no fim vocês discordem, não é uma ruptura, é um exercício de amor.

Hoje, nosso mundo está repleto de informações. Somos a geração da informação. Em 2023, a inteligência artificial começou a despontar e aparecer de forma mais evidente. Qual o problema disso? Em vez de discernir e compreender as informações, caímos na confusão. *Fake news*. Muitas pessoas "desligam" o cérebro, e apenas consomem o que essa "inteligência" fala.

Por exemplo, em 2020, na época da pandemia, surgiu a confusão: tomar ou não tomar vacina? E com ela vieram diversas narrativas sobre "direita *versus* esquerda", "certo e errado", "amor e ódio".

Na política, na economia, somos o tempo todo bombardeados por informações e não sabemos o que é verdade e o que é mentira.

Exatamente por sermos desta geração da informação, da geração do conhecimento, precisamos cada vez mais aprender a discernir as informações falsas e compreender as situações.

Nosso trabalho é discernir entre o bem e o mal. Somente assim seremos capazes de corrigir e nos conectar com a consciência da Árvore da Vida.

Porque isso faz parte do mundo da dualidade que habitamos, e temos a tendência natural a "escolher um lado".

Um exercício interessante para entender quanto ficamos presos na dimensão da dualidade: assista a um jogo de futebol (ou a uma partida de qualquer outro esporte) e tente NÃO torcer para nenhum time. É uma inclinação tão natural que rapidamente começamos a torcer por uma equipe. Perceber isso é nosso trabalho diário.

Reflita sobre o seu dia a dia, quando você lida com situações como uma discussão. A visão da Alma nos leva a não assumir lados em uma discussão, não prejulgar ou assumir uma posição. Precisamos estar abertos para considerar outros pontos de vista também. Por exemplo, me questionaram sobre o relacionamento de um casal, o que eu achava do relacionamento deles. Como eu posso julgar isso? Então minha resposta foi: "Se ambos concordaram que a situação que vivem é boa para eles, eu não posso falar nada."

Seria totalmente diferente se um dos membros do casal (e não outras pessoas) pedisse ajuda e falasse sobre a situação — aí, sim, eu poderia ter uma visão que compreendesse todos os lados, e não apenas observar a situação de acordo com o que "eu" acho correto.

Quando vemos alguém fazendo algum "mal", é importante termos a consciência de que precisamos ajudar essa pessoa a fazer o "bem".

No entanto, se essa pessoa não está aberta a ouvir (como o exemplo do casal, se nenhum deles está disposto a pedir auxílio), também não podemos interferir na escolha de cada um.

E qual a melhor forma de inspirar outras pessoas a seguir um caminho diferente? Fazendo o nosso trabalho interno, salvando nosso mundo, e nos tornando pessoas cada vez melhores.

Nos tornamos "líderes" não porque simplesmente desejamos "ter" esse status para nós, e sim por quem nós "somos", pela nossa essência. Isso também faz parte do discernimento.

Uma lição importante: **se você tem algo a dizer sobre alguém, fale diretamente para a pessoa.** Não faça fofoca, não crie intrigas, porque essa é a correção mais difícil que pode surgir. Quando falamos mal de alguém, prejudicamos a nós, ao "alvo" e ao ouvinte. Nossas palavras têm um poder enorme. Nós estamos o tempo todo criando a realidade com nossas palavras. Tudo que falamos tem o potencial de se manifestar. Da mesma forma que Deus (Elohim) disse "Faça-se a Luz", e com essas palavras criou o mundo, nós estamos o tempo todo criando nossa realidade.

O meu mundo é um mundo de amor, de paz e de união, e eu prezo por falar palavras boas e gentis. Mesmo em situações difíceis, procuro trazer palavras doces para amenizar a energia de raiva e julgamento severo que posso criar — que causaria um curto-circuito em mim mesmo.

Lembro-me de uma história na qual um homem usou durante anos as palavras para criar fofocas e intrigas, até perceber o mal que estava fazendo, e decidiu procurar um sábio para pedir um conselho.

O sábio disse: "Vá até a montanha mais alta que você encontrar, no dia com mais vento, rasgue um travesseiro de penas e deixe-as voar." O homem fez isso e voltou ao sábio no dia seguinte, achando que aquilo já teria purificado seu erro. Então o sábio disse: "Agora vá e recolha todas as penas."

"Mas isso é impossível", retrucou o homem.

"Assim como as penas ao vento, nossas palavras são impossíveis de recolher", disse o sábio.

A transgressão da "palavra", a má palavra, é algo que precisamos começar a corrigir.

Faraó, em hebraico, é *"Or Phei"*, a Luz da Boca. Se caímos na "má língua", caímos na escravidão e na miséria do Ego negativo — que quer apenas receber para si mesmo e gera a escravidão espiritual.

Sempre que tiver o impulso de falar algo ruim sobre alguém, segure. Eu sei que é um exercício e um desafio para muitas pessoas, mas é fundamental se quisermos acelerar nosso processo.

Até mesmo para questões mundanas como dinheiro, saúde e relacionamentos, já ouvi diversas vezes "não tenho dinheiro", "minha gastrite", "meu namorado/marido/esposa não presta".

Quando você começa a mudar essas frases, sua realidade começa a se transformar.

Quando você "se apodera" de alguma dessas situações, elas continuam. Se a gastrite "é sua", você vai continuar com ela.

Tive uma dor no pescoço devido a um desgaste articular, e a terapeuta que já me atendia havia algum tempo sempre falava sobre a "sua dor". Muitas vezes tive que corrigi-la para ela falar "essa dor". Aquela dor não era minha, e foi embora, assim como tantas outras situações normais de saúde que já passei.

- "Estou sem dinheiro na carteira neste momento, mas dinheiro flui em abundância em minha vida."
- "Estou com dor de cabeça, mas ela não é minha."
- "Minha esposa está contribuindo para minha evolução espiritual."

Esses são alguns exemplos de frases que falo desde o início da minha vida adulta, e que moldaram minha realidade.

Quanto mais palavras doces verbalizamos, cada vez mais criamos um mundo de amor, e precisamos discernir o quanto nossas palavras criam a realidade.

Lembre-se de que isso não é negar que existe o mal fora de mim. **Contudo, eu ativamente transformo o meu mundo.** De maneira consciente, interajo com a negatividade, e faço o processo dentro de mim de transformar o mal em bem.

Tudo tem um motivo para acontecer

- Qual caminho você já percorreu que te trouxe até onde você está agora?

Se passamos por desafios e dificuldades, por momentos em que nos vemos jogados no "buraco", no Vazio, é comum entrarmos em desespero quando vemos nosso mundo começar a cair.

Tudo, absolutamente tudo, tem um motivo para acontecer.

Isso não quer dizer que "Deus quis assim", que devemos aceitar as coisas passivamente. Todos os acontecimentos em nossa vida são efeitos. Nós plantamos o tempo todo as sementes que podem se manifestar em efeitos positivos ou negativos.

Mesmo assim há situações em que fazemos tudo certo e ainda continuam surgindo desafios que nos tiram do eixo. Tudo, porém, faz parte de um plano maior que não conseguimos ver.

Por exemplo, minha primeira namorada é uma pessoa incrível e até hoje tenho muito carinho por ela, mesmo não tendo mais nenhum contato. Na época em que estávamos juntos, brigamos por questões religiosas, e era um assunto irreconciliável com a família dela.

Mas foram exatamente essas discussões que me colocaram no caminho da *Kabbalah*, quando tive o primeiro contato com essa sabedoria. Claro, eu preferia não ter tido nenhuma daquelas brigas, mas pode ser que sem elas eu demorasse mais para encontrar esse caminho.

Quando rompi o único contrato de trabalho que me gerava renda, foi uma bênção, porque consegui de fato construir uma carreira sólida depois disso.

O fato de ter falido 3 empresas (golpes duros, na época) ajudou a formar minha base de experiência para aplicar as lições em minha atual empresa e nas consultorias que hoje dou para clientes.

Vivenciei diversas crenças e linhas de espiritualidade, algumas ótimas, outras nem tanto, mas tudo isso me ajudou a compreender a *Kabbalah* de maneira muito mais ampla e profunda.

O fato de meus pais terem se separado quando eu tinha 14 anos me ajudou muito a amadurecer, e ao longo da vida aprendi lições incríveis por conta desse acontecimento.

Quantas vezes você ouviu histórias de pessoas com doenças graves que se recuperaram e, após isso, mudaram de vida completamente?

Meu casamento passou por uma grande crise em 2018, e eu e minha esposa quase nos separamos. No entanto, em vez de ir pelo "caminho fácil" de simplesmente nos separarmos, decidimos encarar a situação e aprofundamos muito nosso relacionamento e nossa intimidade.

Precisei fazer (e até hoje faço) um trabalho interno de sempre curar minha relação amorosa — não porque existe um "problema", mas para fortalecer ainda mais a relação.

Já vi muitas pessoas se transformando completamente após o término de relações pessoais ou de trabalho.

Conheço pessoas que ficaram milionárias depois de terem sido roubadas por sócios ou terem problemas financeiros gravíssimos.

Quando minha sogra sofreu um acidente, antes de falecer ficou algumas semanas em coma na UTI. Em meio a toda a dor pela qual a família passou (inclusive eu), em determinado momento ficamos apenas eu e ela no quarto da UTI, e apenas fiz minhas orações de cura.

Comecei a orar e logo vi um grande clarão na sala, como se uma janela tivesse sido aberta, e parecia que uma Luz dourada do sol entrava. Após alguns instantes, aquela "Luz" cessou e eu falei para minha esposa: "Agora ela está em paz."

Eu não tinha como saber o que aconteceria, se ela acordaria ou não, mas tive certeza de que aquela situação era o melhor que poderia ter acontecido.

O tempo que ela ficou internada ajudou toda a família a "processar" a situação. Cada um à sua maneira teve uma chance de curar feridas antigas que ainda estavam abertas.

Toda aquela situação de sofrimento também foi uma grande oportunidade de aprendizado para todos nós. Como cada um lidou é o trabalho individual, mas nitidamente vi a Luz atuando.

Na virada do ano 2020, lembro muito bem de ter sentido que muita Luz estava entrando no planeta, e muitas pessoas perceberam o mesmo. E então veio a pandemia.

Mesmo na pandemia, **a Luz não parou de entrar em nenhum momento!**

Coletivamente tivemos a oportunidade de "ficar em casa". Não a casa física, e sim nossa casa interior. Quem fez seu trabalho "em casa" saiu transformado.

Tudo, absolutamente tudo, tem um motivo para acontecer, ainda que nós não consigamos compreender agora.

Quando caímos na dimensão do Vazio, no "buraco", temos uma oportunidade de fazer uma profunda transformação emocional em nossa vida. Pode ser que surja uma revolução completa...

Ou você pode continuar na mesma profissão, na mesma família e até nas mesmas situações, mas com a consciência completamente diferente.

Por isso é importante não se apegar a emoções de mágoa, tristeza, rancor e ódio.

Porque quando você solta as emoções que te aprisionam, você se transforma.

Reflita sobre os acontecimentos anteriores de sua vida que levaram até onde você está agora... e veja como tudo é uma oportunidade para você crescer.

É como se nossa Alma, antes de nascermos, tivesse um "objetivo", um "X" em um mapa do tesouro.

Quando começamos a viver e perdemos esse contato com a Alma, começamos a nos desviar e nos afastamos do nosso tesouro.

Muitos desses acontecimentos também são tentativas de nossa Alma de nos aproximar cada vez mais do objetivo.

Antes de nascermos, nossa Alma já havia "traçado um plano" dos acontecimentos. Decidimos nosso caminho na dimensão espiritual! Contudo, também podemos agora, de modo consciente, alterar nosso destino. Nós podemos assumir a responsabilidade e escolher não passar pelo sofrimento. Só precisamos aprender as lições e fazer as correções necessárias.

Basta agora cada um de nós escutar o chamado e aceitar essas "dicas", não com a sensação e consciência de vítimas, mas com a consciência da Alma.

Meditação: Tudo tem um motivo

- Tente se lembrar de todas as situações que aconteceram em sua vida, boas e ruins, que o levaram até onde você está hoje.
- O que você descobriu sobre si mesmo em uma situação de crise? De que maneira términos de trabalho e relacionamentos ajudaram você a encontrar um novo caminho?
- Veja como tudo faz parte de um plano maior.
- Sinta todas as emoções desses momentos e injete Luz.
- Solte, liberte-se dessas emoções... permita que entre Luz no Vazio... e transforme-se em uma nova e melhorada versão de si mesmo!

A consciência da Unidade: saindo da ilusão e da fragmentação

Um dia, quando trabalhava no centro da cidade de São Paulo, ao terminar o expediente, eu estava mentalmente fazendo algumas meditações no caminho para o metrô. Enquanto esperava o semáforo abrir para atravessar a rua, de repente vi um "fio azul" saindo de mim.

Comecei a seguir esse "fio", e eu o vi se estendendo e conectando todas as pessoas ao redor. Olhei uma árvore mais ao fundo e vi diversos "fios" se espalhando em várias direções.

Os fios saíam do meu corpo e se ligavam às pessoas, e todos tinham fios saindo e se ligando a todos que estavam ao redor.

Devo ter ficado cerca de 5 minutos parado na calçada sentindo aquela conexão e energia. Eu sentia todas as pessoas. Eu respirava todas as pessoas. Eu era todas as pessoas.

Eu era parte integrante espiritual do centro da cidade de São Paulo!

Provavelmente quem passou por mim naquele momento achou que eu era só mais um cara esquisito, mas foi uma sensação incrível.

Naquele dia entendi como todos nós estamos conectados, como somos uma única alma.

Temos essa ilusão temporária de separação, que me faz sentir separado de você. Ainda assim, você, eu, este livro, o local onde você está, as pessoas ao redor... estamos todos conectados e juntos.

O "outro" é parte integrante de nós. Lembre-se do mestre que explicou ao discípulo: "Não existe o outro." O outro está dentro de você.

Quando fazemos mal ao "outro", estamos fazendo mal a nós mesmos! Quando nos afastamos e nos irritamos com os outros, estamos nos afastando da consciência da Luz.

Há uma história de que gosto muito, a dos 70 juízes que são levados a julgar uma pessoa que havia cometido um roubo.

Os juízes não "julgam" como os tribunais normais.

Esses 70 juízes precisam encontrar o ato e o ladrão dentro de si... e curar ambos dentro de cada um.

Se eles não são capazes de curar o "ladrão" dentro deles, são convocados novos juízes para esse trabalho.

Lembro-me sempre dessa história porque estamos o tempo todo lidando com "julgamentos" em relação a outras pessoas e situações. Se estou vendo raiva, dor, tristeza, medo, corrupção no mundo externo, isso também está dentro de mim. Preciso encontrar esses atributos e emoções dentro de mim, para trabalhar a cura.

Da mesma forma, nas relações com as outras pessoas que nos magoaram temos que encontrá-las dentro de nós.

Quando encontramos e experienciamos o "outro" dentro de nós mesmos... podemos fazer a cura interna, no nosso mundo... e isso começará a refletir no mundo exterior.

Essa é uma dimensão espiritual. É um convite para sair da mente fragmentada e linear e atuar no nível da semente, da causa espiritual.

Se sentimos raiva ou mágoa de alguém, a pessoa a quem direcionamos essa energia também é afetada. Da mesma forma, se nos curarmos dessas emoções, se liberarmos essas fagulhas de volta para a Luz, também afetaremos e influenciaremos de forma positiva as pessoas ligadas a elas.

Não significa que todas as relações vão se transformar magicamente, mas no nível espiritual esse peso é retirado, e não precisamos mais carregá-lo.

Podemos liberar e transformar toda raiva, mágoa, dor e sofrimento em Luz! É tudo uma relação interna.

É esse o jogo da consciência da Unidade.

Nossa mente ainda está fragmentada e enxerga tudo separadamente, mas, em essência, somos todos um. Somos Todos Luz.

Meditação: Lidando com desafetos

- Lembre-se de alguma pessoa que o magoou, ou de alguém que te "tira do sério". Aquela pessoa que, se você pudesse, nunca mais veria.
- Agora, faça uma lista de 10 qualidades dessa pessoa.
- Mesmo as pessoas que nos machucam têm qualidades.
- Esse é um exercício simples, mas ele nos ajuda a quebrar essa visão fragmentada das pessoas.
- Se é alguém que te irrita ou incomoda, faça a lista de qualidades dessa pessoa e perceba como ela pode ser um grande instrumento para sua evolução espiritual.

Como entender o que está acontecendo em nossa vida e obter respostas?

- O que você já fez, falou ou pensou no passado que gera um curto-circuito hoje?

Conforme "avançamos" nesse contato, temos cada vez mais clareza e intuição em nossa vida. Pouco a pouco começamos a desenvolver uma visão mais ampla dos "porquês" de algumas situações.

Por exemplo, sempre tive desafios em relacionamentos pessoais e amorosos. Comecei a ter lembranças e sensações de outras vidas em que me senti traído por pessoas que se diziam amigas, e isso se refletia em meus relacionamentos nesta vida.

Inúmeras vezes em uma roda de amigos, se alguém estava posicionado atrás de mim, minha sensação era a de que estava prestes a ser apunhalado!

Esse sentimento de ter sido traído em outras vidas teve uma origem... eu mesmo "apunhalei" pessoas em outras vidas!

Em relação a dinheiro, agradeço profundamente por sempre ter tido tudo de que necessitei, mesmo passando por momentos bem desafiadores. Entretanto, minha vida financeira apenas começou a fluir quando também comecei a "ver" quantas pessoas eu havia prejudicado financeiramente em outras vidas, vendendo "gato por lebre".

Como nessa vida consegui assumir a consciência de Compartilhar e fazer minha correção, isso com certeza contribuiu para que minha mensagem atingisse milhares de pessoas.

Além de o meu "trabalho físico" hoje estar ligado a ajudar pessoas a ter uma vida financeira melhor, minha consciência é de que faço esse trabalho com o propósito de Compartilhar prosperidade!

A boa notícia é que não precisamos "visitar" nossas vidas anteriores para encontrar as causas dos problemas que temos nesta vida.

Já mencionei o poder da nossa fala e das nossas palavras... Quantas vezes você já se disse "sou pobre", ou disse "não tenho dinheiro"? Essas palavras começam a criar ressonância em nosso redor, e isso se manifesta.

Nos 10 pronunciamentos (traduzidos como "mandamentos"), um deles é "Não matarás". Isso não é literal apenas no sentido físico. Ao irritar uma pessoa que fica "vermelha de raiva", isso também é considerado uma morte.

"Não roubarás" — não apenas bens físicos, mas a dignidade, a honra e até as ideias e sonhos de outras pessoas.

"Não cobiçarás a mulher do próximo" não fala apenas de relações, mas diretamente da inveja — é sobre desejar viver situações e sentir emoções que não fazem parte da sua vida, não pertencem a você.

Se invejamos e queremos o mal do outro (ainda que inconscientemente), podemos receber o mesmo.

Aprofundando ainda mais o sentido espiritual, esses pronunciamentos se referem à nossa Alma.

Não matarás (a sua Alma com a consciência robótica e reativa).

Não roubarás (a sua Luz e a oportunidade de evoluir).

Não cobiçarás (a Alma do outro!).

Por muitos anos, cometi um erro gravíssimo em minha vida. Dentro de vários grupos espirituais que frequentei, em alguns era comum desejarem "que você tenha o dobro do que deseja para mim". Isso pode até parecer bom, mas vamos aprofundar.

Se uma pessoa me deseja mal por algum motivo e, sem saber disso, eu desejo que ela receba o dobro... no fim das contas, estou causando um mal ainda maior.

É dessa consciência maligna (pintada de inocente e espiritualizada) que precisamos nos livrar. Esses pensamentos também se acumulam e geram curtos-circuitos... e "do nada" podemos passar dificuldades porque chegou a hora de sentirmos os efeitos dos pensamentos e desejos nocivos que geramos.

Então, o que fazer?

Deseje que a pessoa receba Luz e um Recipiente preparado para conter essa Luz.

Não existe "falta" de Luz. O que pode "faltar" é o Recipiente preparado para Receber a Luz.

Todo o trabalho de correção, de assumir a responsabilidade, prepara, também, nosso Recipiente para Receber a Luz.

A Luz permanece emanando todo o Prazer Espiritual e precisamos aprender a Receber essa Luz Inclusive, *Kabbalah* literalmente significa "Receber", ou seja, a *Kabbalah* é a arte de aprender a Receber!

Fofocas, mentiras, maus-tratos às outras pessoas, comportamentos e hábitos negativos vão se acumulando. Boas palavras, bons pensamentos, boas ações criam "anjos positivos". Más palavras, más ações, maus pensamentos criam "anjos negativos".

Sim, anjos são criados por nós o tempo inteiro!

É a quantidade maior ou menor desses anjos que vai nos auxiliando (ou prejudicando).

A raiva e o julgamento severo afetam nossos órgãos e plantamos a serpente e "anjos ruins" dentro de nós.

Agora, reflita ao meditar:

Meditação: Quais problemas estão acontecendo na sua vida hoje?

- Escolha um mais latente e comece a mergulhar nele.
- Encontre o problema dentro de si e comece a se lembrar de todos os atos, pensamentos e palavras que você já proferiu ao longo da vida que geraram essa situação.
- Não tenha medo de mergulhar, e assuma a responsabilidade por todos os atos que o levaram a isso.
- Medite alguns minutos, respirando profundamente... e, quando começar a encontrar as respostas e insights, comece a projetar Luz sobre a situação.
- Mesmo se você não encontrar nenhuma resposta, medite: **quero curar a causa, a raiz, desse problema em minha vida.**

> - E deixe a Luz e a consciência da Alma atuarem dentro de você.

Lembre-se: muitas vezes, temos um insight, um "clarão" — aquele momento em que estabelecemos conexão com a Alma.

Quando questionamos esses insights e tentamos racionalizar o processo, caímos na consciência robótica. Deixe o processo fluir e aceite o que você precisa Receber, sem julgamentos.

As perguntas e o desejo de encontrar a raiz dos problemas na vida são mais importantes que uma resposta lógica e racional.

Quando entramos no mundo da "lógica", da racionalidade, saímos da conexão espiritual e caímos novamente na consciência robótica e fragmentada.

Por meio das perguntas e do desejo de corrigir, despertamos nossa consciência espiritual.

> A resposta de tudo está dentro de nós. Estamos prontos para aceitar e assumir a responsabilidade?

Kabbalah é um estado de consciência de autoaceitação, que permite encontrar a semente e a raiz espiritual dos "problemas", para fazermos nossa correção.

Realizando sua missão espiritual

- Qual é sua função no mundo?

Você já se perguntou qual é sua "missão espiritual", ou "o que viemos fazer aqui"?

Como Almas criadas para habitar esta dimensão física, fomos criados para ajudar o Recipiente a se aliviar do Pão da Vergonha — e Receber a Luz se sentindo merecedor.

Essa é nossa grande missão espiritual coletiva.

Como na consciência inicial do Paraíso não conseguimos cumprir esse papel, agora é a nossa vez de aprender a jogar o "jogo do Compartilhar" nesta dimensão mais afastada da Luz.

Esse é um constante estado de consciência. Quanto mais compartilhamos, mais conseguimos Receber. **Compartilhar é o meio para Receber a Luz.** É o meio pelo qual superamos a inclinação negativa, contemos o desejo egoísta de receber apenas para nós mesmos e vivemos em equilíbrio, paz e harmonia. Essa é nossa missão cósmica.

Além dessa missão cósmica, temos nossa missão individual, algo que cada um veio para realizar. Na maioria das vezes essa missão não irá se revelar de maneira lógica e racional. Se meditamos por um período com esse objetivo, podemos obter um "clarão", um insight que, mesmo não sendo possível traduzir em palavras, sentimos que é o caminho e a direção certos.

Aprendi com meu mestre de *Kabbalah*, rabino Joseph Saltoun, algumas frases que podem nos auxiliar nesse processo. Só é preciso mentalizá-las:

Só quero realizar meu Desejo com a Luz.
Não quero realizar meu Desejo sem a Luz.

Se meditarmos todos os dias nessas duas frases, criaremos uma força, um Desejo que começa a nos guiar em direção à nossa missão espiritual.

Por exemplo, já há algum tempo sinto o chamado para Compartilhar informações sobre espiritualidade, especificamente sobre

Kabbalah, e mantenho um perfil no Instagram a respeito do assunto. Desde que iniciei esse trabalho, cada vez mais sinto que esse é meu caminho. Quanto mais medito em realizar minha missão, cada dia me sinto inclinado a cumpri-la da melhor forma possível.

Para poder cumprir nossa missão, também precisamos começar o ciclo de correções. Não adianta sermos os "salvadores do mundo" sem realizar nosso trabalho interno primeiro.

Isso não é uma corrida, mas um processo. Pode ser que, para você, o processo de correção apenas precise da sua intenção consciente para se completar, ou pode levar mais tempo. Contudo, a cada passo, a consciência da sua Alma estará mais perto.

Cada vez mais você se sentirá sendo levado pelo caminho correto, e, se surgir algum problema real, é um aviso da sua Alma de que você pode estar se desviando do caminho, ou que há uma correção ou um ajuste a fazer.

A solução é assumir a responsabilidade e intencionar fazer a correção da situação de forma consciente.

Você não precisa "racionalizar". Você sentirá o caminho e será levado de maneira natural e suave até onde precisa ir.

Não tem que se preocupar em "sair fazendo", porque suas correções e sua missão vão se apresentar espontaneamente, "por acaso" ou "coincidência".

Todos esses acontecimentos são conexões espirituais que já estão acontecendo com você... e vão se intensificar cada vez mais.

Você já pode estar sendo levado em seu caminho espiritual sem perceber. Olhe para trás e veja as relações e os interesses que já desenvolveu. O que você já fez que o deixou muito feliz e realizado ou lhe trouxe um senso de responsabilidade e propósito?

Mesmo se isso nunca aconteceu de forma consciente, você pode começar a fazer um trabalho interno de reflexão.

Pelo que você quer ser lembrado? Qual é seu propósito e função neste mundo?

Lembre-se de que a pergunta é mais importante do que a resposta!

Há alguns anos fiz uma prática simples que me ajudou muito, e também pode ajudar você agora. Não leve em consideração o que você "faz" hoje. Mesmo que você seja um "jovem com mais de 60 anos de experiência", não pense que o tempo já passou.

Imagine você daqui a 50 anos. Pelo que você quer ser lembrado? O que você imagina (ou gostaria) que as pessoas falassem de você daqui a 50 anos?

É muito natural pensar em ser reconhecido na profissão, e sua profissão também pode fazer parte da sua missão espiritual. Contudo, o mais importante agora é ir além desse espectro "profissional".

Quando fiz esse exercício, percebi que, quanto mais eu "avançava" no tempo, menos sentia que minha maior contribuição com a humanidade estava diretamente no mundo dos negócios.

Senti dentro de mim que meu propósito era espiritual, e venho abraçando esse caminho cada vez mais.

Ao mesmo tempo, também tive uma clareza mental muito grande para continuar com minha profissão, porque é uma necessidade pessoal de correção cósmica e também minha fonte de sustento, que me permitirá realizar minha missão espiritual.

Quanto mais trago a consciência da minha Alma para a profissão que executo, mais prospero.

Encontrar e aceitar nossa missão é iluminação. Porque, ao caminhar para realizá-la, nos nutrimos da Luz Infinita. A serpente se transformará em Messias.

Sua missão espiritual pode ou não estar relacionada à sua profissão, e isso muitas vezes é algo com que não precisamos nos preocupar (a não ser que sua profissão seja um sofrimento enorme para você — e isso indica uma necessidade de correção).

Nos últimos anos, minha profissão se virou para o marketing. Se não fosse esse trabalho, talvez a oportunidade de escrever este livro (que está ligado à minha missão espiritual) não aparecesse da mesma forma ou neste momento.

Cada um de nós tem uma função neste mundo. Se sua profissão é "pedreiro", "faxineiro", "gari", "médico", "advogado", "engenheiro", assuma a consciência de Compartilhar e deseje que sua profissão seja para sua correção e realização da sua missão!

Lembre-se apenas: **quem eu sou (Alma) não é o que eu faço (corpo).**

O fato de hoje eu trabalhar com marketing (o que faço) não altera minha essência (o que sou).

E aqui, mais um aviso importante: **a missão da sua Alma é sua e da sua Alma.**

Muitas pessoas querem que outros digam para elas qual é a missão que lhes está reservada, em vez de buscarem-na dentro de si. Nenhum padre, pastor, rabino, mestre, tarólogo, entidade ou qualquer outra pessoa pode lhe dizer qual é sua missão.

Se você assume que sua missão é algo que "alguém falou", está na consciência da idolatria, abrindo mão de sua responsabilidade. Outras pessoas podem nos ajudar e auxiliar, mas a responsabilidade de encontrar e realizar sua missão é inteiramente sua.

O processo de encontrar sua missão é algo que sugiro ser repetido com frequência. Mesmo sem uma resposta "lógica", nós começamos a ser guiados para nosso caminho.

Coisas que antes faziam sentido, podem perder o sentido. Pode ser que, aos poucos, você mude completamente a sua vida de forma natural.

Na vivência que tive como profissional, passei de "copywriter" para "estrategista" e depois para "escritor". São formas que executo minha missão, sem mudar a minha essência.

Sinto minha missão se realizar através de todo o meu trabalho, compartilhando minhas experiências tanto no mundo dos negócios quanto no que diz respeito às práticas espirituais que cultivo.

Não foi uma resposta "consciente", mas um processo natural e simples. Quando as coisas se tornam "complicadas", é porque existe tanto uma lição, uma indicação da Alma de que algo precisa ser ajustado.

Do mesmo jeito, pode ser que sua missão ou seu caminho mude por algum motivo. Pode ser que você já tenha corrigido algo que precisava corrigir ou realizado o que era necessário, e então agora sua Alma pode te guiar para que você continue seu trabalho espiritual de outra maneira.

Essa é uma meditação e um processo constante... E é muito gratificante quando enxergamos a figura completa.

Meditação: Desejando sua missão espiritual

- Respire profundamente e faça o preparo para a meditação.
- Sinta a Luz te envolvendo, chame pela consciência da sua Alma.
- Fale internamente: "Quero realizar minha missão espiritual. Só quero realizar meu Desejo com a Luz. Não quero realizar meu Desejo sem a Luz."
- Sinta e fique nesse processo pelo tempo que achar necessário, e pode sempre repetir essa prática.

Qual é o Nome da sua Alma?

- Qual é o seu Nome?

Outra chave que pode servir de auxílio para encontrar sua missão está no seu nome.
Por que damos nome às coisas? Para identificar a função delas. Se não damos um nome às pessoas e aos objetos, não sabemos qual função exercem no mundo.
A sua Alma também tem um Nome!
Quando uma Alma está vindo encarnar no mundo, os pais têm o papel muito importante de sentir a Alma do filho que está vindo e lhe dar um Nome que o conecte com sua função espiritual. Os pais têm uma grande responsabilidade em realizar essa conexão com a Alma dos filhos! Pode ser uma intuição, um insight, mas é possível sentir.
Se o seu nome já é relacionado a um nome bíblico (ou de outra cultura da sua origem ou que você segue), pode ser que esse já seja o Nome da sua Alma.
Como saber? Sinta. Há uma meditação no fim deste capítulo para auxiliar nisso. Pode ser que você receba uma resposta rápida, pode ser que precise repetir esse processo mais vezes, e está tudo bem!
Se quando você era criança não gostava do seu nome, ou se queria trocar de nome, essas podem ser dicas de que o seu nome físico não corresponde à sua Alma.
Por que é importante saber disso? Porque assim compreendemos nossa função. Se você já tem um Nome que vem à mente, ou que foi recebido de alguma maneira, sinta esse Nome, pesquise, estude sobre ele, pergunte à sua Alma se esse é o seu Nome.
Isso pode revelar muitos insights, porque você vai começar a encontrar quem você é.

Se seu nome está ligado a seres espirituais, você pode convidar essas consciências a lhe ensinarem... E, principalmente, você pode pedir direto à sua Alma para lhe revelar mais. Pode ser em insights, sonhos, intuições, ou com coincidências nas quais você começará a se deparar com informações ligadas a isso.

Se você não tem ou não consegue encontrar o Nome da sua Alma, está tudo bem. Porque nosso nome físico também carrega correções necessárias que precisamos fazer. Você pode repetir o processo de meditar no seu Nome e, conscientemente, meditar em corrigir os aspectos espirituais dele.

Você percebe que pouco a pouco vamos chegando mais perto da nossa essência, e que nada acontece por acaso em nossas vidas, nem mesmo o nome que nos foi dado?

Por isso, é um trabalho constante lembrar e manter nossa consciência espiritual, assumir a responsabilidade, fazer as correções e Compartilhar, exercendo a Restrição (conter o desejo egoísta de receber para si mesmo).

Cada vez mais começaremos a ser quem nós realmente somos.

Esse assunto do Nome é muito importante, por isso precisei explicar os conceitos de Luz, Recipiente, e até de um dos nomes do Recipiente, que é Elohim.

Porque é dessa forma que começamos a discernir, e então podemos interagir de maneira consciente com cada um deles.

Não é mais um Deus "fora", externo e distante de mim que expulsou Adão e Eva do Paraíso. Agora é um nível de consciência do Recipiente que se chama Elohim (um código para a consciência coletiva espiritual de toda a humanidade e também da inteligência espiritual da natureza), que criou a consciência de Adão e Eva (que contém todas as almas como uma só) para se aliviar do Pão da Vergonha.

Cada um de nós tem a própria função na correção necessária de Adão e Eva, e também de Deus (Elohim)!

Só daremos o próximo passo na evolução da humanidade quando coletivamente sairmos da "adolescência".

O que o adolescente faz? Ele "quebra" a ligação com os pais para se descobrir, para saber quem ele é.

O que os pais fazem? Continuam dando tudo de que o filho adolescente precisa, mas se afastam. É essa a relação da Luz e do Recipiente.

Quando o adolescente se torna adulto, quando consegue se encontrar e "ser" adulto, ele não estará mais em um nível de inferioridade em relação aos pais. Ele voltará aos pais se sentindo merecedor de tudo — porque ele também já conquistou.

Para isso, o jovem precisou assumir toda a responsabilidade da vida adulta.

Para a humanidade, o processo é o mesmo. Infelizmente, porém, a maioria das pessoas ainda se encontra na adolescência. Elas não assumem a responsabilidade e a delegam para Deus, para o governo, para um Messias externo...

Isso não vai salvar ninguém!

Está na hora de cada um de nós — eu, você, todo mundo — assumir a responsabilidade e aceitar nossa missão!

> Vamos encontrar e nos tornar quem realmente somos: seres criados para Receber a Luz sem o Pão da Vergonha!

E nos aliviamos do Pão da Vergonha compartilhando. Ao mesmo tempo que fazemos isso, estamos auxiliando o Recipiente a se aliviar desse peso, desse fardo de receber a Luz e o prazer sem merecer.

Então, chegará a hora em que todos nós conseguiremos Receber toda a Luz, plenitude, prazer e abundância espiritual para as quais fomos criados, e retornaremos para a consciência do Infinito.

No trabalho espiritual precisamos da Luz do Criador.

Não com o desejo egoísta de mostrar para os outros como somos iluminados e santos, mas realmente Receber toda a Luz espiritual que nosso Recipiente está pronto para Receber.

Em sintonia e afinidade de forma com a Luz, nós Recebemos e Compartilhamos todo o Prazer Espiritual através da nossa consciência.

Meditação: Qual é o Nome da sua Alma?

- Medite, respire e veja seu Nome na sua frente. "Respire" seu Nome, sinta-o entrando e saindo de você.
- Se você sentir que se conecta com seu nome, é muito possível que realmente seja o Nome da sua Alma. Se não, está tudo bem!
- Continue meditando, respirando… e se pergunte: **Qual é o Nome da minha Alma?**
- Se você quiser complementar essa prática, também pode visualizar as letras hebraicas que formam o nome "Ani":

Lud　　**Nun**　　**Aleph** ⇐

> Em hebraico, esse nome significa "Eu". Essas letras são uma chave que nos auxiliam a nos conectar com nosso Eu, com nossa Alma. (No fim do livro há um link para você acessar essa meditação de forma guiada.)

7

Linha Direta: Respiração = Alma

Agora está na hora de nos conectarmos diretamente com nossa Alma.

Quando temos a consciência de assumir a responsabilidade, fazer nossas correções e assumir a missão da Alma, cada vez mais estaremos conectados nesse nível espiritual.

Através da nossa consciência, podemos acessar a "dimensão paralela" e canalizar no momento presente todo o futuro. **Podemos criar uma realidade de paz, amor, saúde e plenitude agora.**

Respiração = Alma

- Você está respirando ou apenas puxando o ar?

Você reparou que, em todas as meditações sugeridas neste livro, dou ênfase à respiração? Existe um motivo muito especial para isso.

Em hebraico, a palavra para "Alma" é *"Neshamá"* e a palavra para "Respiração" é *"Neshimá"*. A única diferença é uma pequena letra, mas essa similaridade entre as palavras nos ensina que há uma conexão direta entre elas.

Ao fazermos respirações profundas, começamos a nos conectar com a nossa Alma. Porque o ar se torna um canal para podermos conectar nossa consciência inferior com nossa consciência superior.

É por isso que sempre dizemos para "respirar" quando queremos que uma pessoa se acalme. Além da resposta física que isso gera no corpo, é uma conexão de consciência.

Sempre que você sentir necessidade de se conectar com a consciência da Alma, se precisa ser guiado para resolver uma situação ou um desafio, respire profundamente... sinta o ar entrando em você. Quanto mais prolongada for essa respiração, melhor.

Como sugestão, o ideal é que você faça suas conexões logo pela manhã.

Pode ser sentado na beira da cama, mesmo que por apenas 5 minutos. Respire e vá convidando sua Alma para se aproximar de você. Não é preciso nenhum preparo ou meditação em particular.

Se pensamentos começarem a surgir, está tudo bem. Tente não se apegar a eles, e apenas se concentre na sua respiração.

Como auxílio, você pode visualizar uma grande Luz o envolvendo... e essa Luz representa a Luz Infinita. Você pode meditar imaginando a Luz infiltrando na sua inspiração e saindo de você quando expira, sempre com a consciência de Compartilhar. Inspire Luz, recebendo, e Compartilhe Luz.

Sempre que posso, faço esse exercício pela manhã, mesmo que na cama antes de me levantar (e faço o mesmo procedimento antes de dormir).

Dessa forma começamos a atrair a Luz da Alma para perto de nós, e o dia flui em uma harmonia muito maior. É nítida a diferença entre os dias em que faço e os dias em que esqueço de fazer essa conexão.

E você pode fazer qualquer outra oração ou prática em seguida, e sentirá uma conexão muito maior.

Esse exercício da respiração é importante, e podemos praticá-lo em todos os momentos: cozinhando, dirigindo, no metrô, em alguma fila de espera.

Em todos esses momentos, podemos exercer a consciência de Receber e Compartilhar apenas com a respiração, porque isso nos sintoniza com a frequência da Luz.

Quanto mais nos aproximamos da consciência da Luz (que é Compartilhar), mais iremos Receber.

Esse é um trabalho de prática e de consciência constante.

Como algumas vezes preciso fazer envios de encomendas pelo Correio, há dias em que fico quase uma hora esperando para ser atendido. Se não estou com a consciência correta, fico estressado, com raiva, e aquela espera se torna uma tortura.

Entretanto, quando consigo manter a conexão com a Luz, começo a respirar e meditar exatamente como sugeri.

Apenas respiro e exerço a consciência do Compartilhar, compartilhando paciência e amor... e a mesma "espera" se torna algo prazeroso.

Já fiz viagens inteiras de carro e de avião praticando apenas isso.

Lógico, não é sempre que consigo manter essa conexão, e pensamentos "normais" também fazem parte. O cansaço e as situações do dia a dia nos desviam da conexão plena. No entanto, quanto mais pratico e me esforço, mais sinto a Luz se aproximando.

Uma vez estava viajando de carro e senti vontade de fazer essa respiração profunda com a consciência da Alma.

Em determinado momento, mesmo enquanto dirigia, senti como se estivesse respirando o Universo inteiro dentro de mim!

Aliás, atenção: se você está fazendo um trabalho que exige foco (como dirigir), só tome cuidado para não entrar em um estado que possa colocar você ou outras pessoas em risco, ok? Se começar a viajar no sentido figurado e a se distrair nessas situações, pare a meditação ou faça intervalos menores. Se não for o caso, aproveite a viagem. ☺

Se nas atividades cotidianas — trabalhando, assistindo à TV, dirigindo... — você conseguir manter essa conexão com a respiração, seu dia fluirá de forma muito mais tranquila.

Pouco a pouco você sentirá uma transformação sutil acontecendo, e terá dentro de si uma certeza: mesmo diante das situações e desafios diários, você está junto com a sua Alma.

Meditação: Respire sua Alma

- Respire profundamente e faça o preparo para a meditação.
- Chame pela consciência e Luz da sua Alma.
- Mais uma vez, respire profundamente, com a intenção de se conectar com sua Alma e estabelecer essa consciência como parte integrante da sua vida.
- Sinta o Universo dentro de você.

Prosperidade

- Qual é a fonte da riqueza, do sustento e da prosperidade na sua vida?
- O que bloqueia a prosperidade?

Agora que estamos chegando ao fim deste livro, quero mencionar algumas questões "práticas".

Eu sei que é lindo e maravilhoso falar sobre espiritualidade, mas, se não tivermos segurança alimentar e uma moradia adequada, entraremos no "modo sobrevivência". Em alguns momentos de crise, isso até pode ser necessário, mas mesmo nessas situações é importante manter a conexão com a Consciência Espiritual.

Nesses momentos difíceis e desafiadores, precisamos buscar a consciência da Alma para que nos guie.

Falar de prosperidade não significa "ter dinheiro" ou "ficar rico". Gosto de definir "prosperidade" como "saber aproveitar os recursos que você tem", ou seja, fazer uso consciente dos recursos disponíveis.

Conheço pessoas que são ricas financeiramente, mas são pobres, porque não conseguem aproveitar nada do que construíram.

Elas perdem tempo e saúde para conseguir mais dinheiro e, em vez de aproveitar e usufruir, sofrem para "manter" e conseguir "mais" dinheiro.

Conheci pessoas que praticamente com um salário mínimo conseguiram conhecer o mundo.

Prosperidade é você ter a tranquilidade de saber que tem onde dormir hoje e que amanhã terá seu sustento garantido. E, ainda, ter o privilégio de, se desejar fazer alguma coisa, como uma viagem, por exemplo, conseguir realizar o que sentir vontade.

> Prosperidade não é "quantidade de dinheiro", mas um estado de espírito.

Porque, quando estamos conectados com a Consciência Espiritual, também recebemos o sustento espiritual. Se somos sustentados espiritualmente, isso refletirá em nossa prosperidade física.

O que gera "bloqueios" na prosperidade? O desejo de receber para si mesmo e os curtos-circuitos que geramos ao longo da vida.

Essa vontade compulsiva de querer "mais dinheiro", de querer o que as outras pessoas têm (e mesmo inconscientemente desejar que elas percam), de tirar proveito de negociações, é fazer mau uso do recurso e da prosperidade que já nos foi dada... Todos esses desejos são bloqueios.

Nossa Alma tem uma "conta bancária cósmica". Da mesma forma que um agente bancário no mundo físico, no "banco cósmico" há um "agente" (um Anjo, uma Inteligência...) que vai ou não "liberar" o saldo da conta para nós.

Uma das perguntas que esse Anjo que guarda a prosperidade faz é: "Eu já te dei prosperidade antes, e você fez mau uso. Por que será diferente agora?"

Se já fizemos mau uso dos recursos e gastamos com coisas que fazem mal para nós e nossa Alma, se prejudicamos outras pessoas de alguma forma por meio dos recursos financeiros, podemos ter nosso "pedido negado".

Outra pergunta que esse anjo faz é: "Você quer acessar SUA conta ou a conta de outra pessoa?"

Porque, se queremos o que é dos outros, essa inveja fecha a porta da prosperidade. Por isso é importante querermos o que é nosso. O que é do outro... bem, é do outro.

Uma pessoa é justa porque recebe sua porção, nem a mais nem de menos. Então, também é importante não ficarmos presos na consciência de querer "mais, mais, mais", e sim meditar em querer "o que preciso para meu sustento e desenvolvimento espiritual".

Essa consciência pode ser explicada como o *maná*, o alimento espiritual para o povo que saiu do Egito e ficou 40 anos no deserto.

Mesmo para situações em que deseja algo físico, como uma casa ou um carro, você pode pedir prosperidade, com a consciência de Compartilhar.

Por exemplo, você pode meditar que precisa de um carro, e que ele será um meio para você Compartilhar alegria em viagens com a família, e até mesmo Compartilhar prosperidade se você vai usá-lo para trabalhar.

Uma casa será um local para Compartilhar paz e amor com a família, alegria com os amigos (e se você trabalha em casa, pode ser um local para Compartilhar prosperidade).

Percebe que é o mesmo "pedido", mas com uma consciência diferente?

Eu e minha esposa estamos procurando, já faz um tempo, um novo local para morarmos, e tínhamos muitas ideias e possibilidades. Comecei a meditar ativamente em encontrar esse local, e aconteceu algo curioso: nós percebemos que o objeto do nosso desejo não era o que queríamos, pelo menos não para o momento da nossa vida, e outras possibilidades se apresentaram.

Quando não somos atendidos em nossas preces, um dos maiores motivos é a consciência.

Se oramos com a "lista de compras", como papagaios, falando "Veja como sou bonzinho, Deus, eu mereço uma casa!", essa é uma consciência de curto-circuito.

E pode ser que geremos tantos bloqueios que será preciso um tempo maior de cura e trabalho interno até que possamos liberá-los.

Aqui está mais uma sugestão: ler o Salmo 23 ("O Senhor é meu pastor"). Este também é um salmo que atrai prosperidade.

Em hebraico, esse salmo possui 57 palavras, que conectam com a energia de Sustento (*Zan*). Você pode meditar esse salmo todos os dias.

Meditação: Abra as mãos (Compartilhe prosperidade)

- Respire profundamente e faça o preparo para a meditação.
- Nesta meditação, vamos Compartilhar prosperidade. Mantenha as palmas das mãos abertas e viradas para cima, não como quem vai Receber, e sim como quem está Compartilhando.

> - Compartilhe prosperidade com o mundo, com as outras pessoas, com todo o Recipiente.
> - Continue o processo por alguns instantes, e, se você tem uma necessidade específica que envolve prosperidade, transforme esse pedido em Desejo de Compartilhar.
> - Por que "essa casa", "esse carro", será uma maneira de Compartilhar a Luz?
> (No fim do livro há um link para você acessar essa meditação de forma guiada.)

Continuando o assunto, quero abordar o conceito do "dízimo".

O dízimo, com a consciência correta, também é uma forma de exercermos a consciência de Compartilhar.

Lembra-se do exemplo que dei do copo se enchendo de água? Essa analogia é perfeita para explicar o dízimo. Se consagramos uma parte do que recebemos (com a consciência de Compartilhar), vamos continuar recebendo.

O dízimo não precisa ser feito para uma igreja ou um templo — ele pode ser destinado a qualquer instituição de que você goste e queira ajudar. Se você puder fazer uma doação totalmente anônima, é melhor ainda (porque dessa forma você consegue tirar parte do "Ego negativo" da jogada).

Não vou entrar no aspecto religioso, mas sim dar sugestões práticas: você pode fazer dízimos de 5% a 20% do que "sobra". É muito importante que isso não te prejudique, ok?

Se você está em uma situação em que não consegue fazer sobrar nada, pode consagrar o que já tem.

Por exemplo, você pode doar 10% do seu tempo para auxiliar alguém ou uma causa (mas mantenha em mente que você lembra que está fazendo isso com a consciência do dízimo).

São maneiras de aplicar isso, mesmo se você estiver em uma situação desafiadora.

Outra prática que também aplico em minha vida: sempre que recebo um valor extra (além do que recebo normalmente), 10% desse "extra" já é direcionado para a consciência do dízimo.

Dessa forma, abro espaço para continuar recebendo, porque consagro o valor monetário e não me volto para a consciência robótica de querer tudo para mim.

Isso também se aplica caso você ganhe algum prêmio, como uma loteria, por exemplo.

Da mesma forma, uma "vida fácil", sem nenhum esforço, é uma vida sem aprendizado, sem evolução.

Pegando como exemplo o dinheiro: "Não ligar para dinheiro" e "correr atrás do dinheiro" são fruto da consciência robótica. É um posicionamento "deixa a vida me levar".

Ao Compartilhar a energia de prosperidade — e também fazer a nossa parte, como procurar um emprego (com a consciência de Compartilhar) —, entramos em outra dimensão.

Outro ponto muito importante, que também faz parte da consciência robótica... precisamos abrir mão do controle.

Como assim?

Muitas vezes queremos controlar todos os aspectos da nossa vida: "Se não for um emprego perfeito, nessas exatas condições, não vou aceitar."

Vejo muito isso em questões que abrangem a saúde (e também relacionamentos). Quando um ente querido, ou nós mesmos, está doente, oramos para que a energia de cura se manifeste.

Se temos um familiar doente, o que queremos? Que ele melhore, que se recupere, que a "cura" seja física. No entanto, algumas vezes a melhor cura para a pessoa pode ser a passagem do corpo físico. Nós queremos controlar o processo, e isso pode até fazer um mal maior para a pessoa que desejamos ajudar.

O processo para Receber e ter nossas orações atendidas é aplicar a Restrição (colocar a consciência de Compartilhar) e abrir mão do controle (conter o desejo egoísta de receber para si e controlar "como" queremos ser atendidos).

Além disso, repeti várias vezes que não precisamos realizar uma ação física para entrar na dimensão do Compartilhar.

Imagine, porém, que você esteja desempregado. Você deverá fazer todas as meditações e curas internas de que precisa (porque, se a prosperidade está "bloqueada", há uma correção a ser feita) e continuar indo atrás de um emprego!

Da mesma forma, se você precisa de saúde, faça todas as meditações e curas internas necessárias, mas também mude seus hábitos, alimente-se melhor, faça exercícios, cuide das emoções.

O que precisamos é injetar Luz e Certeza.

Nós praticamos o ato físico, mas aplicamos a Restrição: a Luz está no controle.

Faço tudo que está ao meu alcance, entro na consciência de Compartilhar e deixo a consciência da Luz, da Alma, atuar.

Meditação: Prosperidade com Restrição

- Respire profundamente e faça o preparo para a meditação.
- Sinta a Luz envolvendo você... a Luz provê tudo de que você precisa, sinta que está Recebendo.
- Agora, aplique a Restrição. Mentalize: *Eu não quero Receber a Luz sem Compartilhar.*
- "Corte" dentro de você esse fluxo que vem da Luz e comece a Compartilhar. Coloque toda a sua intenção em Compartilhar a Luz da Prosperidade, até quase esgotar toda a Luz que há dentro de você.
- Quando estiver "vazio", mentalize: *Eu só posso Receber plenamente com a Luz. E sou merecedor de Receber, porque compartilhei. Só quero existir com a Luz Infinita.*

> - Sinta toda a Luz e plenitude entrando em você, mantendo o fluxo de Receber e Compartilhar de forma consciente em sua vida. Deixe a Luz atuar e abra mão do controle.
> - Faça todo o possível no mundo físico... e confie na Luz!

Amor

- Você ama a si mesmo?

Muitas pessoas, quando começam a estudar espiritualidade, têm a ideia de que é preciso se isolar e meditar.

Esses momentos são importantes (e até necessários) para nos "carregar" de energia, por isso sempre que posso faço retiros e viagens espirituais.

Contudo, é na dimensão da interação física que a verdadeira espiritualidade acontece.

Porque, acima de tudo, a Criação é um ato de Amor.

A Luz deseja Compartilhar todo Amor e Prazer Espiritual Infinito com o Recipiente (nós). Se manifestamos esse mesmo amor em nossa vida, quando entramos na dimensão do Amor, entramos no Amor do Criador. O Criador quer apenas nos prover com sustento, amor, felicidade e plenitude.

Porém, precisamos também fazer a nossa parte. Precisamos ter o Desejo de nos transformar, de entrar na dimensão do Compartilhar... para podermos Receber.

É a dimensão do Amor que dilui e transcende os opostos.

Nosso maior desafio é continuar manifestando Amor, mesmo nas situações difíceis (e ainda mais nas que envolvem outras pessoas).

Agora, tente se lembrar de alguma discussão ou briga que você teve com alguém. Do seu ponto de vista, você está certo. E a outra pessoa, do ponto de vista dela, também. Qual é a consciência reativa? Brigar e continuar discutindo para "vencer" o ponto de vista do outro.

E qual é a consciência do Amor? A consciência do Compartilhar? Continuar conversando, até ambos entenderem o ponto de vista um do outro.

Mesmo que discordem no final, é criada uma expressão de amor. Não é "sair abraçando" todo mundo ou deixar os outros pisem em você. Isso não é amor.

Amor é reconhecer que o outro é um ser divino, como você.

E mesmo que as pessoas não atendam às nossas expectativas, mesmo quando se entregam menos do que gostaríamos, ou até quando nos magoam com certas atitudes, **elas estão dando o melhor que elas podem naquele momento!**

Por exemplo, tenho uma relação muito próxima com minha mãe, mas um pouco mais distante com meu pai. Faço o melhor que posso para melhorar a relação com ambos… e não fico cobrando que eles "melhorem", **porque sei que cada um está fazendo o melhor que pode.** Assim como também faço o melhor que posso.

Em vez de ficar com raiva, me sentir ignorado, ou tantas outras "cobranças" que vejo filhos fazerem aos pais, eu os aceito como são. E isso se aplica a todas as áreas da vida.

Na vida profissional, quando entro em desacordo com alguém por qualquer motivo, muitas vezes me irrito e me incomodo e às vezes levo alguns dias para processar a situação, é verdade. Mas não carrego isso comigo, e faço meu trabalho de transmutar essa situação dentro de mim. E, ao fazer meu trabalho interno, a situação se resolve de modo natural.

Mesmo se eu precisar pedir perdão por conta de alguma discussão ou erro, faço isso com a consciência transmutada, não com raiva, nem culpa ou "falsa santidade".

É exatamente esse o nosso trabalho.

Quando estamos com raiva, com "ódio" do "outro", na verdade estamos com raiva e ódio de nós mesmos.

> Para entrarmos na dimensão do Amor, precisamos trazer a cura do auto-ódio.
> É dessa forma que transformamos a consciência do "anjo da morte" em "anjo da vida".

Mesmo avançando nessa caminhada, mesmo "pedindo" amor, paciência e força, a Consciência Divina (manifestada pela serpente) não nos dará nada disso dessa maneira.

A Consciência Divina nos dará a oportunidade de desenvolver o amor, a paciência, a força de que precisamos nas situações do dia a dia.

Todas as pessoas merecem amor, mesmo as "piores". Podemos não amar os "atos" que elas praticam, mas elas continuam merecedoras de Receber Amor. Porque é apenas por meio dessa consciência que vamos transmutar nossa realidade.

A dimensão do Paraíso, a memória do Paraíso, é repleta de Amor. Temos que aprender a transmutar o ódio em amor.

É nos momentos mais desafiadores que manifestamos a maior Luz.

> No momento em que transformamos o Mal em Bem, estamos fazendo nosso papel na cura do pecado de Adão e Eva.

Vamos cumprir nosso papel cósmico de auxiliar Elohim a se aliviar do Pão da Vergonha.

Isso só é possível com o discernimento, com a consciência da Alma.

Esse é o estado de Amor Incondicional, de constantemente realizar o trabalho interno de transmutação. É a consciência do "amor ao próximo". **Esse é o único preceito que precisamos realizar!**

Há uma história que conta que desafiaram o sábio Hilel a explicar todos os segredos espirituais em uma perna só. Hilel dobrou uma perna e disse:

"Ame o próximo como a si mesmo, o resto é comentário."

Esse ensinamento resume tudo.

Todos os relacionamentos — entre familiares, amigos, vizinhos, profissionais e também amorosos — apresentam lições e correções.

Os outros estão nos ajudando a nos tornar pessoas melhores.

Relacionamentos amorosos oferecem uma grande oportunidade de evoluir espiritual. Se é um relacionamento problemático, que é um peso e até tóxico, você não tem a obrigação de continuar nessa relação.

Mas você tem o "direito obrigatório" de fazer SUA correção, para que isso não aconteça novamente.

Além disso, se você magoou ou feriu alguém, é importante fazer o trabalho interno, como mencionado antes, **mas é igualmente importante se perdoar e pedir perdão para a pessoa que foi magoada.**

Se o outro irá nos perdoar ou não, isso é o livre-arbítrio dele. Mas temos que fazer nosso trabalho espiritual, fazer nossa parte.

Quando cometemos um erro que fere nossa Alma, podemos ser perdoados pela Consciência Divina, mas quando cometemos um ato que fere o "outro", precisamos entrar na dimensão do Amor e do Perdão.

E uma dica para quem está "em busca de amor" nos relacionamentos: por meio do autoamor, e de fazer nosso trabalho interno, pouco a pouco começamos a atrair a pessoa que irá nos ajudar em nosso desenvolvimento espiritual.

Nós temos que resgatar o nosso ser, a nossa essência, e sair da consciência satânica de condenar os outros.

É nosso trabalho assumir a responsabilidade pela nossa vida, fazer nossas correções e entrar na dimensão e consciência do Amor.

No dia a dia, podemos "esquecer" que a Luz nos ama (assim como você não se lembra a todo o tempo que seus pais amam você ou que você ama seus filhos). Contudo, esse Amor está lá.

Quanto mais entramos na dimensão do Compartilhar, mais entramos na dimensão do Amor. E nosso trabalho é sempre LEMBRAR desse Amor que estamos continuamente Recebendo.

Só precisamos abrir nosso Recipiente.

Lembre-se: não "falta" Luz. O que "falta" é um Recipiente preparado para Receber a Luz.

Meditação: Amor da Criação

- Respire profundamente e faça o preparo para a meditação.
- Mergulhe dentro de si. Olhe para quem você é e quem está se tornando. Lembre-se das coisas boas e também das coisas ruins.
- Sinta como se estivesse passando por um "túnel do tempo": lembre-se de toda a sua vida atual e de vidas passadas.

> - Injete Amor em cada situação. Sinta o Amor da Criação te abraçando e acolhendo.
> - Se há uma situação do passado que ainda te atormenta, envolva-a em Amor e intencione a cura.
> - Ame a si mesmo. Ame quem você é.

Como ser guiado dia após dia por quem você é

- Onde está o seu mestre?

Com todas essas práticas, o objetivo sempre é o mesmo: aproximar você cada vez mais da consciência da sua Alma. Sua Alma já sabe de tudo, e está pronta para te guiar. Você só precisa abrir a porta para ela entrar.

Encontre dentro de você essa Luz, esse guia que irá ajudá-lo a navegar no mundo da matéria, ao mesmo tempo que você é nutrido pela consciência do Infinito.

Existe uma prática muito importante que também auxilia a manter esse fluxo de conexão. Os judeus fazem o *shabat* na sexta-feira à noite e no sábado durante o dia. Os cristãos guardam o sábado ou domingo, dependendo da crença. Os árabes guardam a sexta-feira durante o dia.

Independentemente da religião, há um dia consagrado ao Divino, também chamado um dia de "descanso" (da mesma forma que "Deus descansou" no 7º dia da Criação).

Mais do que uma visão religiosa, essa é uma dimensão espiritual.

Como comecei a me aprofundar no mundo da *Kabbalah*, passei a realizar essa prática na sexta-feira à noite, mas você pode usar o dia que o tocar mais.

Para facilitar a interpretação, vou usar o período de sexta-feira à noite até o pôr do sol do sábado como referência, e vou me referir a esse descanso como *shabat*. Mesmo se você fizer isso no domingo, o conceito é o mesmo.

O *shabat* é um portal espiritual que abre a dimensão do Paraíso.

Então, toda semana temos uma dimensão, um canal aberto com o Divino, para nos nutrirmos diretamente da consciência da Alma!

De modo geral, fomos ensinados assim: "trabalha durante a semana" e "descansa" no sábado. E o que é esse descanso realmente?

É um "ponto", um respiro em nossa consciência do mundo da matéria para que possamos nos nutrir com a Luz Espiritual.

É um portal em que paramos de trabalhar na matéria (ocorre um descanso "físico"), mas é um dia intenso de trabalho espiritual.

Independentemente da sua crença (e mesmo que você não siga nenhuma religião), esse é um portal que se abre para toda a humanidade.

Levei muitos anos até aplicar a prática do *shabat* em minha vida, e, quando comecei, não disse nada a ninguém.

Em silêncio, fazia algumas das orações e conexões específicas (as orações completas em hebraico são mais longas), mas mantive isso em segredo até mesmo para minha esposa. Depois de alguns meses, comentei que estava fazendo essa prática, e em resposta ela disse que tinha começado a me sentir mais calmo e tranquilo.

Desde então, adotamos um ritual simplificado, e toda sexta-feira fazemos nossa conexão.

Veja que fazemos isso porque a "forma" não é o mais importante, e sim a intenção com que fazemos isso.

Você pode acender uma vela e fazer a oração que sentir vontade, uma vez que o mais importante é a intenção de se conectar com esse portal de Luz. Você só precisa "parar" e sintonizar sua frequência. Intencione acessar a dimensão do Paraíso.

Mesmo que você tenha outro dia consagrado ou, ainda, mesmo que não siga ritual algum, faça essa conexão. Acenda uma vela em uma sexta-feira à noite e faça suas orações. Sinta como a próxima semana pode se transformar de maneira positiva.

Se for possível, realmente fique sem trabalhar e dedique seu dia a orações e a fazer um trabalho espiritual. Se tiver que trabalhar, faça o que precisa ser feito, mas lembre-se de que está na consciência do *shabat*, assim, você ainda estará se nutrindo de Luz!

O movimento de "não trabalhar" e se conectar com a dimensão do Paraíso também é uma consciência proativa, porque estamos fazendo a Restrição (contendo o desejo de permanecer na consciência robótica e nos conectando com a consciência da Luz).

No judaísmo, existe uma série de restrições que são feitas no *shabat* e, apesar de entender o sentido delas, trago para minha vida o sentido espiritual dessas restrições.

Por exemplo, uma delas diz para "não fazer fogo", por isso boa parte dos judeus não cozinham durante o sábado, alguns nem mesmo ligam interruptores.

Mas aplico o sentido espiritual em minha vida (de um jeito que faz sentido para mim). Desse modo, para mim, a Restrição de "não fazer fogo" significa "não se inflamar", ou seja, evitar ao máximo brigas e discussões.

E apesar de preferir fazer esse ritual às sextas-feiras, aqui está outro grande segredo: **esse portal está aberto praticamente o tempo todo, e podemos acessá-lo sempre que quisermos. Tudo depende da nossa intenção.**

Mas... qual a importância disso? Analisando o texto em hebraico, uma tradução mais assertiva seria **"descanse, e o trabalho será feito"**.

Como assim?

É bem simples. Se fazemos nosso trabalho espiritual, se acessamos esse "ponto de descanso", e atingimos a dimensão do Paraíso, somos nutridos com a consciência e a Luz da nossa Alma!

Nós "descansamos" (e fazemos o trabalho espiritual para nos nutrir e nos conectar com a consciência da Alma), e o "trabalho" será feito.

Seus dias serão mais tranquilos. Situações no trabalho e em relacionamentos que poderiam ser desafiadoras começarão a se resolver de maneira bem mais tranquila e suave.

Essa é a consciência da Alma se manifestando no dia a dia.

Outro ponto importante é em relação a mestres e guias espirituais. Esses seres estão em dimensões de consciência mais elevadas, e estão prontos para nos ajudar sempre que precisamos. Se estamos passando por uma situação de desespero, podemos, sim, recorrer a eles e pedir auxílio. Moisés, Jesus, Buda ou mesmo outros seres considerados mestres dentro de sua crença, como o rabino Shimon Bar Iochai na *Kabbalah*, mestres ascensionados da fraternidade branca e até mesmo guias espirituais da umbanda, se você tem essa conexão.

O mestre, o guia, é importante, mas cada um entrará na própria consciência messiânica e será seu próprio mestre.

O que não podemos é entregar a responsabilidade pela nossa vida nas mãos desses mestres e os usarmos como muletas.

Os mestres estão prontos para nos auxiliar e nos guiar. Eles, porém, só vão nos apontar o caminho. A responsabilidade de caminhar é nossa.

Os mestres também nos ajudam a "levar" nossas orações ao destino delas, para que não se "percam" no plano astral. Até mesmo quando pedimos auxílio, podemos fazer esse pedido com a consciência de Compartilhar Luz com esses mestres. Antes de pedir, **medite em elevar a Luz desses mestres para que eles possam continuar seu desenvolvimento espiritual.**

Isso se aplica igualmente a questões de saúde. A *Shekiná* (a presença divina) também está em nossa dimensão, tentando voltar para a dimensão do Paraíso junto com a humanidade.

Quando passamos por uma "falta" (de saúde, de amor, de prosperidade), a *Shekiná* está passando pela mesma falta. Então, ao orarmos para uma necessidade, podemos primeiro pedir que essa falta na Consciência Divina seja curada e preenchida com Luz. **Desejamos que a Shekiná se cure de sua "falta", e então pedimos para Receber um pouco dessa Luz.**

Toda a consciência que estou trazendo neste livro tem o objetivo de criar uma ponte, um canal, para que você desperte e encontre seu guia, sua salvação interior (a consciência da sua Alma).

E podemos, ainda, exercer uma série de práticas que nos auxiliam a assumir o controle, e sair da consciência robótica.

Aqui estão algumas práticas importantes:

- Assuma o controle do seu dia. Ao acordar, faça suas orações e, se possível, medite, mesmo que seja por 2 minutos. Traga a consciência da sua Alma para perto de você. Se for realmente impossível, mesmo enquanto cuida dos afazeres domésticos ou se arruma para o trabalho, mantenha a consciência e a lembrança de que você é um ser espiritual, e traga a consciência e a Luz da sua Alma para junto de você.

- Abençoe e agradeça pelo seu dia antes de ele começar. Antes de dormir, abençoe e agradeça por tudo o que aconteceu durante o dia.

- Evite ler notícias ou assistir a vídeos e programas ligados à "matéria" logo de manhã. Se a primeira coisa que lemos ou ouvimos ao acordar são "ideias de outras pessoas" (muitas vezes negativas), absorvemos essas fagulhas em nossa consciência e entregamos nossa mente a uma consciência que não é nossa. O "troféu" das energias negativas é assumir o controle de nossa mente, e temos que vencer essa batalha diariamente.

- Preste atenção às suas palavras, ao que você lê, fala e escuta. Se você usa palavras negativas, troque-as por positivas. Você não "tem" uma doença, você "está" em uma situação que em breve vai passar. Você não "é" pobre; a prosperidade flui em abundância na sua vida.

- Consagre o local onde você mora, consagre sua morada para entrar na dimensão da Terra Santa (que é uma dimensão de consciência, não um local físico). Mentalize a Luz, abençoe, agradeça e consagre o lugar onde você mora. Medite em curar a terra que você habita.

- Quando viajar, abençoe o local que está visitando.

- Sempre que se alimentar, agradeça pelo alimento. Medite em liberar as fagulhas de Luz que estão presas nesses alimentos.

- Consagre seu trabalho. Mentalize que o trabalho que você faz é uma expressão do seu Compartilhar, e você compartilha para Receber a Luz sem o Pão da Vergonha.

- Se está passando por uma situação difícil, traga a consciência da Luz. Faça a Restrição (transforme a situação em Desejo de Compartilhar) e injete certeza e confiança na Luz!
- A respiração suave também ajuda a adoçar o julgamento.
- Se possível, fale de maneira mais calma e gentil todo o tempo.
- Evite dar respostas imediatas, que estão "na ponta da língua". Antes de responder, respire profundamente.
- Em situações de estresse, procure trazer a consciência de Compartilhar e assuma que você também é responsável. Compartilhe paciência, compartilhe paz, compartilhe amor, suavize sua respiração.
- No dia a dia, lembre-se de que tudo é sagrado. Aproveite até mesmo os momentos como lavar a louça para liberar fagulhas de Luz presas na escuridão.
- Quando alguém o magoar, peça misericórdia para essa pessoa e julgamento para si. Porque você também é responsável por essa situação, e tem o poder de transformá-la e curá-la dentro de si para encontrar uma solução amorosa.
- Agradeça todos os dias pelo que você tem, abençoando e consagrando absolutamente tudo.
- No fim do dia, agradeça por tudo que aconteceu a você. Se houve problemas e desafios, faça seu trabalho interior de cura e de assumir a responsabilidade. Chame a Luz da sua Alma para guiá-lo em uma noite de sono tranquila.
- Lembre-se de que a "qualidade de vida" deve estar no fim do seu dia, não no fim da sua vida.

Essas são algumas práticas simples que você pode aplicar no dia a dia. **O segredo está na simplicidade!**
Não precisamos de nenhuma prática mirabolante nem meditar, jejuar e orar durante meses para viver a espiritualidade.

> Chame a Luz da sua Alma, e sinta-se bem e nutrido espiritualmente todos os dias. Simplesmente sintonize sua consciência com a Luz!

Meditação: Sincronize sua Alma com o Recipiente

- No tópico de prosperidade, sugeri uma meditação na qual você aplica o processo de "Restrição" ao pedir prosperidade.
- Esse processo de meditação está ligado a um dos temas mais importantes no estudo da *Kabbalah*, que é o Tetragrama. O Tetragrama não é "o nome de Deus", mas o Nome que descreve o Recipiente completo capaz de Receber a Luz.
- Nós soletramos esse nome como "iud kei vou kei" para não "profanar" o Nome.

- O Tetragrama é um verbo (Ser), e cada letra representa uma fase do Desejo (Receber inconsciente, acordar e rejeitar, Compartilhar e Receber). Cada área de nossa vida está em uma "fase de desejo".

- Quando ativamos esse fluxo de 4 fases em nossa vida, começamos a nos sintonizar com a consciência original do Recipiente!
- Para sintonizar-se com a consciência do Recipiente, você pode fazer o mesmo processo de meditação que já aprendeu.
- Respire profundamente, faça o preparo normal da meditação, visualize e sinta a Luz te envolvendo.
- Agora, visualize na sua frente as 4 letras do tetragrama... Ao inspirar, visualize a Luz passando pelas letras, e então deixe que elas entrem em você.
- Passe as letras por cada parte do corpo e sinta a energia das letras atuando dentro de si.
- Ao expirar, medite em compartilhar toda essa energia da Luz.
- Repita esse processo algumas vezes, com a intenção de sincronizar e sintonizar seu Recipiente com o Recipiente Original no Infinito.

8

Gênesis: Seja você, crie seu mundo

- Você está pronto para ser humano e ser quem você é?

Querido amigo, querida amiga, estou muito contente por termos chegado até aqui.

Todo este trabalho tem o objetivo de ajudar você a ficar cada vez mais próximo da sua essência e de ajudar sua Alma a entrar na sua consciência.

É a sua consciência que fará sua Alma "entrar" em você.

Como trata-se de um livro, aqui, precisei separar em tópicos e assuntos, mas a conexão com a Alma é uma vivência dinâmica e constante.

É um processo vivo.

Chegará o momento que não precisaremos de mais nenhuma "lei" ou "livro" físico, porque nos conectaremos diretamente com a consciência da Alma, com a consciência do Infinito nessa dimensão física.

Meu convite é que você VIVA com sua Alma.

Mesmo neste livro, não estou ensinando *Kabbalah* para você.

A *Kabbalah* resgata a realidade que já existe dentro de nós.

Tudo isso já está dentro de você, sua Alma já sabe tudo, e estou apenas sendo um facilitador para você acessar esse conhecimento, essa sabedoria, que já está aí dentro.

Precisamos resgatar o "Eu", nossa essência espiritual, e a confiança absoluta na Criação! **Nós temos certeza absoluta em nossas dúvidas e não confiamos no bem, no divino, e que nossas preces serão alcançadas.**
"Deus", Alma, Jesus, Buda não estão "fora", mas dentro de nós.
Nós somos o "Pai nosso que está nos céus" de toda a humanidade dentro de mim!
Quando cumprimos nosso papel, fazemos nossa correção e entramos na dimensão do Compartilhar, algo mágico acontece. Tomamos consciência das dificuldades e dos problemas em nossa vida e passamos a lidar com eles não como vítimas, mas como corresponsáveis.

Compreendendo isso, temos o poder de exercer nosso livre-arbítrio. De maneira consciente, nós lidamos com as adversidades da vida e fazemos a transmutação do mal em bem. Ao fazer isso, nos aliviamos e aliviamos o Recipiente do Pão da Vergonha... e passamos a Receber todo o prazer espiritual da Luz Infinita em nossa vida.

Então nós vamos CONTINUAR o processo de criação do Jardim do Éden, e, junto com Deus-Elohim-Recipiente, entraremos na dimensão cocriadora, e vamos ser UM com a Consciência Divina.

Dessa forma, vamos nos tornar verdadeiros seres humanos, cumprindo e realizando a missão espiritual da nossa vida e recebendo toda a Luz e prazer infinitos.

Há uma lição de que gosto muito, e vou compartilhá-la aqui (de forma adaptada):

> Não vou me envergonhar diante do Criador se ele me perguntar por que não fui como Moisés, Jesus ou Buda.
> Só vou me envergonhar se o Criador me perguntar por que não fui **Eu**.

Desejo que você Receba a Luz da sua Alma e sua vida se ilumine completamente!

Tradição, referências e um pequeno presente

Todos os ensinamentos aqui vêm de anos de estudos e transformações em minha vida.

Se você quiser se aprofundar no estudo da *Kabbalah*, os livros-base são a Torá (os livros de Moisés), o Zohar (revelado pelo rabino Shimon Bar Iochai) e o livro Sefer Yetzirá (o Livro da Formação, escrito por Abraão).

O método de estudo da *Kabbalah* atual é chamado "Método Luriânico", com base nos ensinamentos do rabino Isaac Luria, o Ari HaKadosh.

Nos últimos anos aprofundei meus estudos por intermédio do rabino Joseph Saltoun, e recomendo todos os livros dele para início ou aprofundamento do estudo. Você pode conhecer o trabalho dele no site josephsaltoun.com.br. O rabino Joseph Saltoun vem de uma linhagem muito pura de ensino, desde Rav Ashlag, Rav Brandwein e Rav Berg, fundadores e disseminadores do Kabbalah Centre, e os ensinamentos dele tocam a Alma de todos que o conhecem.

Também aprendi muito com os professores Daniel Kwintner, Yair Alon e Shmuel Lemle, que igualmente são boas referências para você.

Agradeço ainda a Vani Queiroz de Alvarenga pelos vários ensinamentos que me transmitiu ao longo dos anos.

Há muitas abordagens e interpretações modernas sobre a *Kabbalah*, e, apesar de ter estudado primeiro essas vertentes, só encontrei o sentido mais profundo do trabalho espiritual buscando a tradição.

Para fechar, um pequeno presente.

Preparei alguns vídeos e meditações especiais que você pode acessar no link abaixo, de forma gratuita.

https://gatilhosdaalma.club.hotmart.com/

Você também pode acompanhar meditações diárias que publico sobre *Kabbalah* no Instagram: @arapyau_com_br.

Este livro foi composto na tipografia Minion Pro,
em corpo 12/17, e impresso em papel off-white
no Sistema Cameron da Divisão Gráfica
da Distribuidora Record.